4차 산업혁명
주식투자
인사이트

4차 산업혁명 주식투자 인사이트

초판 1쇄 발행 2020년 4월 17일
초판 2쇄 발행 2020년 4월 20일

지은이 장우진

펴낸이 김찬희
펴낸곳 끌리는책

출판등록 신고번호 제25100-2011-000073호
주소 서울시 구로구 디지털로 31길 20 에이스테크노타워 5차 1005호
전화 영업부 (02)335-6936 편집부 (02)2060-5821
팩스 (02)335-0550
이메일 happybookpub@gmail.com
페이스북 facebook.com/happybookpub   **블로그** blog.naver.com/happybookpub
포스트 post.naver.com/happybookpub   **스토어** smartstore.naver.com/happybookpub

ISBN 979-11-87059-56-1 13320
값 16,500원

4차 산업혁명 주식투자 인사이트

장우진(자유잍튜브THE) 지음

끌리는책

프롤로그

경제적 자유를 위하여

"돈으로 많은 것들을 살 수 있지만 그중에서 가장 가치 있는 것은 자유이다. 자유는 당신이 원하는 것을 하고, 선망하는 일을 할 수 있게 해준다."

– J. L. 콜린스,《가장 쉽고 빠르게 부로 가는 길 *The Simple Path to Wealth*》

많은 사람들이 '자유'가 없는 삶을 살고 있다고 말한다. 사람들은 최소한의 삶을 유지하기 위해 많은 시간을 직장생활에 할애하며, '~때문에' '어쩔 수 없이' '먹고사는 일이 우선이니까' 등 자유롭지 못한 현실에 여러 가지 이유를 붙인다. 돈으로부터 자유롭지 못하기 때문에 행복의 기본 조건을 충족시킬 수가 없다.

경제적 자유는 돈 걱정 없이 자기가 원하는 삶을 영위할 수 있도록 해주는 기본 조건이다. 그런 건 금수저나 가능한 일이라고 생각할 수도 있다. 하지만 이미 많은 사람이 경제적 자유를 누리면서 살고 있다. 금수저로 태어난 게 아닌데도 말이다.

그러나 경제적 자유로 가는 길은 결코 만만하지 않다. 아무나 갈 수 있는 길이 아니다. 직장에서 살아남아 월급을 조금씩 올리는 것만으로는 경제적 자유에 이를 수 없다. 경제적 자유를 얻고 싶다면 힘든 여정을 견디고 이겨내야 한다. 세상이 어떻게 변화하고 있는지 제대로 파악하고 그에 맞게 대처해야 한다. 변화의 시기에 어떤 선택을 하고 어떻게 행동하느냐에 따라 경제적으로 자유로운 삶을 사느냐 그렇지 못하느냐가 결정된다. 누구에게나 주어진 조건은 같다.

4차 산업혁명과 양극화 _____

이 화두에 대해 한 번쯤 생각해본 적이 있는가? 우리가 살고 있는 세상은 이미 4차 산업혁명 시대에 진입했고 각종 통계와 지표들은 양극화가 점점 더 심해지고 있다는 것을 보여주고 있다. 이는 우리나라뿐만이 아닌 전 세계적인 현상이다. 이러한 변화는 우리가 받아들여야 할 현실이자 미래이다. 이제 우리는 4차 산업혁명 시대를 맞이하여 어떻게 행동해야 할지, 양극화가 심해지고 있는 상황에서 '더 나은 삶'을 위해 무엇을 해야 할지 진지하게 고민해봐야 한다. 누구나 지금보다 더 나은 삶을 원하지만 모든 사람이 원하는 것을 얻을 수 있는 것이 아니다. 현실은 냉정하고 때로는 가혹하기까지 하다.

과거 영국에서 산업혁명 시대가 태동할 때 그랬던 것처럼 4차 산업혁명이 불러오는 변화의 물결에 맞서 싸우는 사람들은 결국 좌절을 맛보게 될 것이다. 하지만 산업혁명의 태동이 누군가에게 기회였던 것처럼 4차 산업혁명이 불러오는 변화 역시 우리에게 희망이자 기회가 될 수 있다는 점을 명심해야 한다. 누군가는 거대한 물결이 밀려오는 것을 보면서 한층 더 나은 삶으로 나아가는 기회를 찾을 것이고, 또 다른 누군가는 아무 기회도 잡지 못한 채 엄청난 좌절을 겪어야 할지도 모른다.

부의 양극화가 빠르게 진행되는 4차 산업혁명 시대에는 부자와 빈자, 두 계층만 남게 될 가능성이 높다. 자신이 어느 쪽에 속할지는 지금부터 어떻게 행동하는가에 달려 있다. 패러다임의 전환이 일어나는 변곡점에서 당신은 과연 어떤 선택을 할 것인가.

정답을 찾아가는 과정 _____

다가올 초양극화 시대에서 4차 산업혁명의 혜택을 누리려면 어떻게 행동해야 할까? 우리는 이 물음에 대한 답을 찾아야 한다. 지금은 자본 소득 증가율이 근로 소득 증가율보다 월등히 높은 시대이다. 2020년 현재 은행예금 금리는 사상 최저 수준에 머물러 있기 때문에 은행예금으로는 큰 부를 얻을 수가 없다. 그렇다면 우리의 자산을 증가시킬 수 있는 방법은 무엇일까?

투자밖에 없다. 투자 활동 없이 더 나은 삶을 만드는 것이 쉽지 않은 세상이다.

자본 소득을 증가시킬 수 있는 가장 보편적인 방법 두 가지는 부동산 투자와 주식투자이다. 우리나라 부동산은 최근 몇 년 동안 가파르게 상승했고 많은 이들이 부를 거머쥘 수 있었다. 지난 10년 동안 미국 주식시장은 꾸준히 상승했고 이 흐름에 편승한 사람들은 높은 수익을 거둘 수 있었다. 돈은 높은 곳에서 낮은 곳으로 흐른다. 즉, 고평가된 곳에서 저평가된 곳으로 흘러간다는 것이다. 이것이 더 높은 수익을 거둘 수 있는 가장 간단한 비결이기 때문이다. 미국 증시보다 신흥국 증시, 특히 한국 주식시장에 주목해야 하는 이유가 바로 여기에 있다.

지금은 기회인가, 위기인가 _____

이 책은 1장 '성공 투자를 위한 실전 투자 노하우', 2장 '시장을 보는 눈, 성공 투자 포인트', 3장 '4차 산업혁명, 대박 키워드', 그리고 '부록'으로 구성되어 있다.

1장에서는 주식투자를 할 때 꼭 갖추어야 할 자세, 투자를 할 때 해야될 것과 절대 해서는 안 될 것에 대해서 언급했다. 또한 시장에서 발견되는 일반적인 속성들을 이용하여 수익을 올리는 방법과 언제 주식을 사고팔면 좋은지에 대한 의견을 제시했다. 그리고 주가는 결국 실적에 수렴한다는 주식시장의 불문율을 어떻게 활용할 수 있는지에 대해서 언급함으로써 투자자들이 최대한 안전하게 수익을 높일 수 있도록 도움을 주고자 했다.

2장에서는 투자를 할 때 꼭 알아야 할 경제 현상에 대해서 설명했다. S곡선과 파괴적 혁신, 채찍 효과, 국제 유가와 인플레이션, 그리고 한국의 수출, 금리 방향과 투자의 상관관계 등 투자의 방향을 결정하고 전략을 수립하는 데 도움이 될 만한 이야기를 실었다. 주식시장은 경제의 큰 흐름 속에서 방향이 정해지기 때문에 개별 종목에 집중하기에 앞서 커다란 경제의 흐름을 이해한다면 더 높은 수익을 올리는 데 도움이 된다.

3장에서는 4차 산업혁명 시대를 맞이하고 있는 상황에서 앞으로 어떤 분야에 좀 더 집중해야 하는지에 대해서 설명했다. 돈은 성장하는 곳으로 쏠린다. 성장하는 분야에는 부가 집중되고 그렇지 못한 곳은 소외되기 십상이다. 따라서 4차 산업혁명 시대의 유망 분야에 대해서 집중적으로 고찰해보면서, 앞으로 어떤 분야의 어떤 기업들이 성장할 것인지에 대해서 이야기해보았다. 이 부분을 잘 활용하여 투자 전략을 수립한다면 좋은 결과가 있으리라고 믿는다.

역사는 반복된다. 시대적 패러다임의 전환이 일어날 때 위기와 기회는 공존했다. 4차 산업혁명과 초양극화 시대의 도래. 이 '전환의 시대'는 준비하고 맞이하는 사람에게 부를 거머쥘 아주 좋은 기회가 될 수 있다. 하지만 준비하지 않고 제대로 된 대응을 하지 못하면 시대의 패배자로 남게 될 가능성이 높다. 우리는 이제 시대의 흐름을 읽고 먼저 움직이면서 4차 산업혁명이 불러올 거대한 파도에 올라타야 한다. 4차 산업혁명이 만들어낼 부의 크기는 상상을 초월할 것으로 예상한다. 우리는 그 거대한 부의 물결에서 각자의 몫을 챙겨야 한다. 기회는 누구에게나 열려 있다. 파도에 휩쓸려 허우적대며 사라질 것인지, 파도에 올라타서 풍요로운 삶을 살 것인지는 각자의 선택과 행동에 달려 있다.

나는 가능하면 많은 사람들이 경제적 자유를 누릴 수 있기를 바라면서 이 책을 썼다.

이 책을 쓰는 동안 큰 힘이 되어준 사랑하는 아내 수연과 두 딸 리나와

로아 그리고 아들의 부탁을 마다하지 않고 물심양면으로 도와준 어머니께 고맙다는 말을 전하고 싶다. 그리고 책이 세상에 나올 수 있도록 도움을 주신 유튜브 구독자들을 비롯해 응원을 아끼지 않은 모든 분들께 감사의 인사를 드린다.

2020년 봄

장우진

4차 산업혁명, 대박 키워드

 ## 주식투자자라면 꼭 알아야 할 유용한 정보

1장

성공 투자를 위한
실전 투자 노하우

부자들이 말하는
성공 투자 원칙 7가지

"부자가 되려면 부자 뒤에 줄을 서라!"

"부자가 되려면 부자 동네에서 살아라!"라는 말이 있다.

과연 부자의 행동과 습관을 따라 하면 나도 부자가 될 수 있을까? 강남에 가서 살면 나도 강남에 집 한 채 장만할 수 있을까?

이 말은 부자들의 말에 귀를 기울이고 그들의 행동을 보면서 부자들이 생각하고 행동하는 방법을 배우라는 정도로 이해하면 된다. 이런 이유로 부자들의 성공담이 자주 사람들의 입에 오르내리고 성공 과정과 경험을 담은 자서전 류의 책이 인기리에 팔리기도 한다. 그런 성공담이나 자서전을 보면 부자들의 생각이나 삶의 태도를 간접적으로 경험할 수 있다. 그렇다면 부자들이 공통적으로 말하는 성공 원칙에는 어떤 것들이 있을까?

첫째, 남 탓을 하지 않는다 _____

부자들은 '남 탓을 하지 말라'고 한다. 모든 판단은 스스로 하는 것이고 그 책임 또한 자기 자신이 짊어져야 한다는 말이다. 투자에서 결과에 대한 책임은 온전히 자기 자신의 몫이다. 비록 투자의 결과가 나쁘더라도 자기 자신에게서 원인을 찾고 분석하면서 다음에는 그러한 일이 일어나지 않도록 해야 한다. 이것은 자기 삶의 주체가 온전히 자기 자신임을 인지하는 것이고 스스로 판단할 줄 아는 능력을 가져야 한다는 것을 뜻한다. 다른 사람의 말을 듣더라도 그것은 참고사항일 뿐이며 모든 결정은 스스로 해야 한다. 투자 시장에는 결정의 자유가 있는 만큼 자신의 결정에 대해 책임감을 가지고 임해야 한다.

둘째, 미련을 버릴 줄 안다 _____

부자들은 '미련을 버릴 줄 알아야 한다'고 강조한다. 행동심리학에서는 '미련'을 두고 '손실 기피 감정'이라고 말하며, 손실 기피 감정을 버려야 성공할 수 있다고 말한다. 예를 들면, 주식을 매수하고 나서 가격이 떨어지면 흔히 내가 산 가격을 기준으로 얼마나 떨어졌는지를 계산하게 된다. 가격이 더 떨어질 것으로 예상되면 파는 것이 더 합리적인 행동이라고 할 수 있지만 사람들은 손실 기피 감정으로 인해 팔지 못하고 계속 보유하는 경우가 많다. 부자들은 이런 상황에 직면했을 때, 주식을 산 가격(매수가)을 잊고 미련 없이 팔아야 한다고 말한다. 즉, 손절매를 철저하게 실천해야 한다고 강조한다.

잃은 돈은 돌아오지 않는다. 어제의 가격은 오늘과 아무 관련이 없고 사라진 돈(줄어든 평가 금액) 역시 지금 현재 남은 돈과 아무 관련이 없다. 그럼에도 불구하고 대부분의 사람들은 어제의 가격과 오늘의 가격을 연결 짓고 과거의 가격에 미련을 둔다. 부자들은 과거는 잊고 오직 미래에 집중해야 한다고 말한다. 나쁜 과거는 빨리 털어내고 긍정적 마인드로 미래를 준비하는 것이 더 큰 이익을 창출하는 지름길이다. 내가 가진 주식이나 부동산의 가격이 하락했다면, 다음 질문에 답해보자.

"만약 돈이 더 있다면, 더 사고 싶은가?"

더 사고 싶다는 생각이 들지 않는다면 '파는 것'이 현명한 판단일 수 있다.

셋째, 남과 비교하지 않는다 _____

부자들은 '남들과 비교하지 말라'고 한다. 쇼펜하우어는 "우리들의 불행은 대부분 남을 의식하는 데서 온다."라고 말했다. 다른 사람들이 투자로 큰돈을 벌었다는 이야기를 들으면서 자기 상황과 비교하게 된다면 상대적 박탈감이 생기면서 부정적인 생각을 하게 될 가능성이 높다. 그런 이야기를 듣더라도 자신과 비교하면서 동요해서는 안 된다. 투자로 큰돈을 벌었다는 사람과 나는 독립적인 개체이므로 남이 큰돈을 벌었다고 하더라도 나의 자산에는 아무런 영향이 없다. 상대적 박탈감을 느낀다면 그것은 나를 엉뚱한 곳으로 몰고 가는 부정적 요소가 될 뿐이다. 상대적 박탈감과 함께 찾아오는 조바심은 투자 실패를 초래하는 가장 큰 원인 중 하나이기 때문이다.

반대로 가난한 사람들이 모인 곳에서 심리적 위안을 느껴서도 안 된다. 그들을 내려다보면서 심리적 위안을 느낀다면 부자가 되는 사다리를 올라갈 수 없다. 가난해도 부자의 줄에 서서 부자들의 말에 귀를 기울이고 자신만의 페이스로 부자가 되는 길로 걸어가야 한다.

"그릇이 크고 중심이 잡힌 사람은 남들의 말에 현혹되지 않는다. 자기가 살아가는 곳에서 주인이 되며 그가 사는 곳이 항상 참됨이 되니, 남들에게 휘둘리지 말라."

《임제록》의 한 구절이다. 성공하는 사람들은 자기 스스로 결정하고 책임지는 삶을 산다는 점을 명심하자.

넷째, 남들과 반대로 간다 _____

부자들은 '남들과 반대로 가라'고 한다. 한국의 자수성가 부자들뿐만 아니라, 전 세계의 전설적인 투자자들도 한결같이 "대중과 반대로 가라.", "남들과 거꾸로 가라."고 말한다. 미국의 유명한 투자자였던 피터 번스타인은 "모든 사람이 똑같은 생각을 하게 될 때, 모두가 틀릴 가능성이 높아진다."라고 했다. 존 템플턴 경은 "주식을 사야 할 때는 비관론이 극도에 달했을 때다."라는 말을 했다. 13년간 연평균 수익률 29%를 올리면서 20세기 최고의 투자자 중 한 명으로 불리는 피터 린치는 "사람들이 주식 이야기를 하지 않을 때가 주식을 사야 할 때이고, 주식 이야기를 할 때가 팔 때이다."라고 말했다.

부자들은 '싸게 사서 비싸게 팔라'는 투자의 가장 기본적인 원리를 실천하기 위해 노력한다. 사람들이 투자 시장에 관심을 두지 않을 때가 투자하기 가장 좋은 시기이고, 사람들이 투자 시장에 몰려들 때가 투자 시장을 떠나야 할 때라고 말한다. 투자 현인들은 이구동성으로 대중들과 반대로 움직이라고 충고하고 있다. 주식을 가장 싸게 살 수 있는 시기를 물으면 "투자자 모두가 절망하여 시장을 떠났을 때"라는 답을 준다. 많은 사람이 시장을 비관적으로 바라보고 절망에 빠져 있을 때가 주식을 가장 싸게 살 수 있는 기회라는 뜻이다.

2019년 8월 초, 코스피 지수 2000 포인트가 무너지고 곧이어 1900 포인트마저 무너졌을 때를 떠올려보자. 한국 경제와 한국 주식시장에 대한 비관적인 전망이 쏟아졌다. 한국 경제가 큰 위기에 빠질 것이고 코스피 지수가 1500 포인트 이하로 떨어질 것이라는 이야기가 나오기도 했다. 비관론이 시장을 지배했고 사람들은 하락에 베팅했다. 하지만 시장은 반등했고, 2019년 12월 코스피 지수는 2200 포인트를 넘어섰다.

다섯째, 1등을 산다 _____

부자들은 투자 시장에서 성공하는 가장 확실한 방법은 '1등에 투자하는 것'이라고 말한다. 위기의 순간이 지나고 난 뒤에는 1등이 가장 빨리 올라가고 위기의 순간이 닥쳤을 때는 1등이 가장 잘 버텨낸다는 점 때문이다.

우리나라 주식시장에서 1등이라고 하면 단연 삼성전자를 꼽을 수 있다. 삼성전자는 IMF 외환위기, 2008년 금융위기를 버텨내고 지금껏 승승장구하고 있다. 만약 IMF 외환위기가 찾아왔을 때 삼성전자 주식을 샀다면, 2019년 12월경에는 40배가 넘는 수익을 기록하고 있을 것이다.

2008년 금융위기가 절정에 다다랐을 때 삼성전자를 샀다면 큰 수익을 올렸을 수 있다.

부동산도 마찬가지다. 경제 위기의 순간에 핵심지의 아파트, 서울의 경우 강남 아파트를 사두면 경기가 회복되는 과정에서 큰 수익을 얻을 수 있었다. 예나 지금이나 부동산 시장이 요동치면 가장 먼저 오르는 곳은 강남 아파트이고 그 상승폭 역시 매우 크다. 우리는 강남이 먼저 오르고 나서 주변 지역의 아파트 가격이 오르는 모습을 여러 차례 보아왔다. 언제나 강남 아파트가 강하게 불타오르고 주변으로 서서히 그 온기가 퍼져 나갔다. 1등은 언제나 투자자들에게 가장 큰 믿음을 주는 동시에 높은 수익도 안겨주는 존재라고 할 수 있다.

4차 산업혁명 시대에 접어든 지금은 '슈퍼스타 경제 시대'라고 불리기도 한다. 시장을 선점한 1등이 가장 많은 부를 차지하고 나머지 2등, 3등에게 돌아가는 몫은 매우 적어졌기 때문이다. 1등 기업 외에는 생각할 필요가 없어진 시대라고 말할 수 있다. 1등 기업은 위기의 순간에 공격적인 투자로 시장 점유율을 더 높이고, 시장 지배력을 더 키운다는 점을 반드시 기억해야 한다.

여섯째, 아는 곳에 투자한다 _____

부자들은 '아는 곳에 투자하라'고 한다. 현존하는 세계 최고의 투자자로 불리며 2019년 12월 기준으로 세계 3위 부자에 랭크되어 있는 워런 버핏은 "투자는 이성적이어야 한다. 이해할 수 없으면 투자하지 말아야 한다."라고 말했다. 마찬가지로 한국의 자수성가 부자들도 하나같이 자신이 잘 모르는 곳에 투자하지 않는다고 말한다. 내가 잘 모르는 곳에 투자하는 것은 모르는 사람에게 돈을 주면서 부자가 되게 해달라고 부탁하는 것과 같은 이치라는 것이다.

부자들은 투자를 어떻게 시작해야 할지 묻는 사람들에게 이런 조언을 한다. 부동산 투자에서 돈을 벌 수 있는 가장 간단한 방법은 잘 아는 동네에 투자하는 것이고, 주식투자에서는 생활 속에서 자주 접하는 잘 아는 기업의 주식을 사라고 말한다.

내가 잘 아는 지역이라면 호재와 악재가 무엇인지 판단할 수 있고, 그곳이 투자 가치가 있는 곳인지 아닌지 파악할 수 있다. 주식투자도 마찬가지다. 주식투자 관련 이론을 공부하고 재무 분석, 기술적 분석을 활용하면 좋지만 무엇보다도 생활 속에서 자주 접하는 기업에 관심을 가지는 것이 중요하다.

예를 들면, 카카오의 경우 스마트폰 사용자의 거의 대부분이 카카오톡 메신저를 쓰고, 천만 명이 넘는 사람들이 카카오뱅크를 이용하고 있다. 그리고 3천만 명이 넘는 사람들이 카카오페이를 사용한다. 그뿐만 아니라 카카오택시, 카카오대리운전 등 수많은 서비스가 있으며 인터넷 검색이나 온라인 콘텐츠를 이용할 때도 카카오의 서비스를 이용하는 경우가 많다. 이처럼 많은 사람이 카카오를 이용한다면 기업의 수익은 당연히 올라갈 것이고, 기업의 이익이 증가하면 주가가 오르는 것은 자연스러운 이치다. 잘 아는 곳, 자주 접하는 곳에 투자하는 것만큼 안전한 투자는 없다.

일곱째, 시간에 투자한다 _____

부자들은 '시간에 투자해야 한다'고 한다. 워렌 버핏은 자신이 세계 최고의 부자 대열에 오를 수 있었던 비결을 '시간에 투자했기 때문'이라고 말했다. 부자가 되려면 장기간 시장에 참여하면서 꾸준히 수익을 추구해야 한다는 의미이다. 한국의 자수성가 부자들 역시 단기 투자보다는 장기 투자를 해야 한다고 하고, 시간의 마법이라 불리는 '복리 투자'의 장점을 최대한 살려야 한다고 말한다. 장기간 투자하면서 복리 효과를 살린다면 시간이 지날수록 자산은 빠른 속도로 증가하게 된다.

부자들은 시간 투자, 장기 투자를 해야 하는 이유에 대해 말할 때 복리의 마법을 경험하는 것 외에도 '언제 좋은 기회가 올지는 아무도 모르기 때문'이라고 말한다. 그들은 "투자 수익의 80~90%가량은 전체 투자 기간 중 10% 이내의 기간에 만들어진다."고 말한다. 하지만 그 10%의 기간이 언제일지는 아무도 모르기 때문에 투자 시장에 오랫동안 머물러 있어야 한다고 강조하는 것이다. 복리 투자 효과를 누리면서 시장에 남아 있는 사람만이 그 10% 기간을 체험할 수 있기 때문이다.

비관론이 최고조에 이르렀을 때 주식을 사서 사람들이 시장으로 돌아올 때까지 기다려야 한다는 말도 하루이틀, 한두 달의 이야기가 아니다. 싸게 사서 비싸게 팔 수 있는 것은 비관론이 최고조에 달했을 때 사고 사람들이 환호할 때 파는 것이지만, 그 중간에도 오랜 기다림의 시간이 필요하다. 짧은 시간에 승부를 보려고 하면 조바심 때문에 투자를 그르칠 수밖에 없다. 그래서 부자들은 시간에 투자해야 한다고 말한다.

마중지봉(麻中之蓬)이라는 말이 있다. '삼밭 속의 쑥'이라는 뜻으로, 곧은 삼밭 속에 자란 쑥은 곧게 자란다는 뜻이다. 반대말로, 근묵자흑(近墨者黑)이라는 말이 있다. 먹을 가까이 하는 사람은 검은 것이 묻을 수밖에 없다는 말인데, 나쁜 사람과 가까이 지내면 나쁜 버릇에 물들기 쉽다는 뜻이다. 한국 사람들은 주변 사람들과 관계를 맺는 것을 중시하는 경향이 있고 그 과정에서 알게 모르게 영향을 받는다. 그래서 이왕이면 부자들과 어울리면서 부자의 태도와 생각을 배우는 것이 성공적인 투자 성과를 내는 데 도움이 된다. 만약, 함께 어울릴 부자가 없다면 부자들이 하는 말을 귀담아 들어야 한다. 그런 의미에서 부자들이 강조하는 7가지 성공 원칙은 가슴속에 늘 새기고 다니기 바란다.

실패하는 투자자의
특성

우리는 성공한 투자자의 경험담, 성공한 투자자의 자세에 대한 이야기를 많이 접하고 이를 따라 하거나 투자에 활용하려는 노력을 기울인다. 그런 의미에서 앞서 언급한 '부자들이 말하는 성공 투자 원칙 7가지'는 부자가 되기 위한 자세를 가다듬는 데 도움이 될 것이다. 하지만 성공 사례, 투자 원칙 등에 대한 수많은 교훈에도 불구하고 현실에서는 여전히 많은 사람들이 투자에 실패하고 있다. 성공 사례를 접하고 나름대로 실천한다고 생각하지만 그 결과는 비참할 뿐이다. 도대체 무엇이 문제일까?

"知彼知己(지피지기), 百戰不殆(백전불태), 不知彼而知己(부지피이지기), 一勝一負(일승일부), 不知彼不知己(부지피부지기), 每戰必殆(매전필태)."

손자병법에 나오는 구절이다. 우리가 흔히 알고 있는 "지피지기면 백전불태"라는 유명한 말이 유래한 구절이기도 하다. 위 구절을 해석해보면 다음과 같다.

"적을 알고 나를 알면 백 번 싸워도 위태로움이 없으며, 적을 알지 못하고 나를 알면 한 번 이기고 한 번 지며, 적을 모르고 나를 모르면 싸움마다 반드시 위태롭다."

이 말의 핵심은 무엇일까?

적과 싸우는 데 있어서 나를 아는 것이 가장 중요하다는 것이다. 투자 시장은 보이지 않는 가상의 적과 대결하는 곳이다. 보이지 않는 적을 제대로 알기는 쉽지 않다. 그렇기 때문에 최선의 방법은 나를 제대로 아는 것이다. 투자자라면 반드시 자기 자신에 대해 파악하면서 약점을 찾아 보완해야 한다. 스스로를 돌아보면서 자기 내면에 실패하는 투자자의 특성이 있는지 점검해야 한다.

성공하는 사람과 부자에게서 보이는 공통적인 특성이 있는 것처럼, 실패하는 투자자 역시 비슷한 특성이 있다. 이는 우리나라뿐만 아니라 전 세계에서 비슷하게 나타나기 때문에 '투자 실패를 부르는 인간의 습성'이라 부를 만하다. 실패하는 투자자의 특성을 몇 가지 정리해보면 다음과 같다.

- 빨리 부자가 되고 싶어 한다.
- 단기적인 성과에 집착한다.
- 스스로 생각하지 않고, 대중(여론)에 쉽게 동조한다.
- 원칙과 판단 기준이 명확하지 않다.
- 자신이 통제할 수 없는 영역에 집중한다.
- 자신의 실수를 인정하지 않는다.

실패하는 투자자들은 빨리 부자가 되고 싶어 하고, 단기적인 성과에 집착한다. 마음이 조급하다 보니 투자에는 시간이 필요하다는 진리를 잊고 급등을 쫓으며 대박과 요행을 바란다. 운이 좋아 한두 번은 급등주에서 수익을 올리는 것이 가능하지만 행운은 계속되지 않는다. 조급함은 언제나 투자 실패로 귀결된다. 빨리 부자가 되려고 하면 할수록 부자가 되고 싶다는 목표는 더 멀리 달아나버리는 것이 현실이다.

스스로 생각하지 않고 대중과 함께한다는 것, 그리고 원칙과 판단 기준이 명확하지 않다는 것은 준비된 투자자가 아니라는 말이다. 투자 시장의 격언 중에 '대중과 반대로 가라'는 말이 있다. 대중들이 투자 시장에 공격적으로 뛰어들 때는 항상 시장의 고점, 끝물인 경우가 많다. 자신만의 투자 원칙이 있고, 판단 기준이 명확하다면 대중과 함께할 이유가 없다. 더욱이 투자 결과가 실패로 나타났을 때 스스로 반성해본 적이 없고 판단 기준이 없는 투자자들은 실패의 원인을 어디서 찾아야 하는지도 모른다. 다른 사람이나 시장을 탓한다. 누군가의 잘못된 조언 때문에, 미중 무역전쟁 때문에, 갑자기 등장한 전염병 때문에 투자에 실패했다는 식이다. 자신의 기준이 명확하지 않은 상태에서 남들이 하는 대로 따라가다 보면 어디서부터 무엇이 잘못되었는지 도무지 알 수 없는 지경에 이른다.

자신이 통제할 수 없는 영역에 집중하고, 자신의 실수를 인정하지 않는 것은 자기 자신을 돌아보지 못했기 때문인 경우가 많다. 시장은 우리가 통제할 수 있는 곳이 아니다. 그럼에도 불구하고 시장이 자신의 생각대로 움직여야 한다고 믿는 사람들이 있다. 이들은 투자에 실패하면 실패의 원인을 시장을 비롯한 외부 상황 탓으로 돌린다. 시장은 그저 시장 논리에 따라 움직일 뿐이며, 나보다 더 강력한 힘을 가진 보이지 않는 적들이 최신 무기로 무장하고 있는 곳이다. 그곳에서 개인 투자자는 하나의 시장 참여자로서 흐름을 정확히 읽고 대응해야 하는 나약한 존재일 뿐이다. 투자에 실패했다면 실수를 인정하고 다음에는 실수하지 않도록 스스로의 행동을 점검해보고, 자신이 세운 원칙에 충실했는지 점검해봐야 한다. 항상 자신의 감정을 절제하고 시장을 냉정하게 바라봐야 성공 투자에 가까이 갈 수 있다.

우리는 세계 최고의 투자자, 부자들의 성공 사례를 보면서 그와 같이 되기를 꿈꾼다. 하지만 쉽지 않다. 오히려 최악의 투자자들이 가진 특성들을 살펴보면서 자신의 내면에 그러한 특성이 있지는 않은지 점검해보고 그러한 특성을 하나씩 제거하는 것이 성공 투자로 가는 더 빠른 길이다. 투자 세계에서 중요한 것은 짧은 시간에 많은 돈을 버는 것이 아니라, 최대한 실수하지 않으면서 오랫동안 잃지 않는 투자를 하는 것이다. 그렇게 할 수만 있다면 복리의 마법이 저절로 돈을 불어나게 해준다.

워렌 버핏은 자신의 투자 원칙에 대해 다음과 같은 말을 했다.

"첫 번째 원칙은 돈을 잃지 않는 것, 두 번째 원칙은 첫 번째 원칙을 지키는 것이다."

실패하지 않고 시장에서 오랫동안 살아남는 것이 중요함을 강조한 말이다. 본인 스스로 잘못된 습관을 찾아 고치는 것은 결코 쉽지 않다. 그렇지만 투자 시장에 발을 들여놓은 이상 자신의 능력을 객관적으로 바라보고 실패의 원인을 정확히 분석하고, 수정하는 일을 게을리해서는 안 된다. 성공하는 투자를 위해 우리가 가져야 할 가장 기본적인 자세는 자신의 투자 습관을 파악하는 것이고, 실패하는 투자자의 특성을 자신에게서 완전히 제거하는 일이다.

폭락장에 대처하는
투자자의 현명한 자세

　주식투자를 하다보면 폭락을 경험하게 될 때가 있다. 2020년 3월 팬데믹(Pandemic) 공포가 전 세계 증시를 덮쳤을 때나 2019년 8월 미중 무역전쟁의 여파가 절정에 이르렀을 때처럼 시장 전체가 폭락할 수도 있고, 그렇지 않더라도 내가 보유하고 있는 주식이 예상치 못한 악재로 폭락하게 되는 경우도 있다. 폭락이 발생하기 전에 보유 주식을 매도하고 폭락을 바라보는 것이 가장 이상적이라 할 수 있겠지만, 많은 투자자들이 폭락의 충격을 고스란히 받아들이며 고통스러워하는 것이 현실이다. 그렇다면 이런 상황에 맞닥뜨렸을 때 투자자로서 어떻게 행동하는 것이 좋을까? 과거 수많은 폭락장을 경험한 위대한 투자자들은 폭락장을 대하는 자세에 대해 몇 가지 공통된 이야기를 해주고 있다.

첫째, 소음을 멀리하라 _____

시장에 폭락이 찾아오면 온갖 비관적인 뉴스들이 쏟아져 나온다. 비관적인 전망을 쏟아내는 뉴스를 보면서 앞으로 어떤 일이 일어날 것인지에 대해 걱정하는 일을 하지 말아야 한다. 장기적인 관점에서 시장이 상승한다고 믿는다면 불안감을 부추기는 뉴스를 볼 필요가 없다. 뉴스를 찾아보는 데 시간을 허비하는 대신 폭락으로 인해서 가격이 과도하게 하락한 좋은 기업을 찾아내는 데 시간을 쏟는 편이 더 낫다.

둘째, 장기 투자를 포기하지 마라 _____

장기 투자를 해야겠다고 마음먹고 투자를 시작한 사람들도 폭락장을 맞이하게 되면 더 큰 손실이 두려워서 매도 행렬에 동참할 수가 있다. 심리적으로 불안해진 사람들은 패닉셀을 할 수도 있다. 물론, 시장이 하락할 때 손절이든 익절이든 매도를 하고 하락세가 진정될 때까지 기다리는 것은 현명한 행동이라고 할 수 있다. 하지만 손실이 두려워서 매도를 하고 시장을 떠난 사람이 시장에 다시 돌아오는 것이 쉽지 않다. 언제 시장이 다시 오를지 알 수 없고, 더 떨어질지도 모른다는 두려움에 사로잡혀 있기 때문에 투자는 점점 멀어져간다. 그렇기 때문에 자신이 매수/매도 타이밍을 잡는 데 탁월한 능력을 갖고 있지 않다면 시장에서 꿋꿋이 버티는 것도 하나의 방법이 될 수 있다. 시장에 오랫동안 남아 있기만 해도 결국에는 수익을 얻을 수 있기 때문이다.

셋째, 투자 시장과 현실 세계를 구분하라 _____

시장이 폭락할 때 기분이 좋은 투자자는 없다. 비관론이 가득한 시장에 참여하고 있는 투자자들은 우울한 나날을 맞이해야 할 수도 있다. 하지만 우울한 기분을 일상생활까지 끌어와서는 안 된다. 폭락의 충격에서 완전히 빠져나올 수는 없겠지만 시장에서 받은 충격과 우울함이 일상생활에 영향을 주어서는 안 된다는 것이다. 시장에서 일어난 일을 시장에서 마무리하지 못하고 일상생활에까지 영향을 받는다면 더욱 큰 불행에 빠질 수도 있다. 시장에서 손해를 보고, 일상생활에서도 주변 사람들과의 관계가 틀어진다면 이보다 더 나쁠 수는 없을 것이다.

넷째, 감정적인 사람이 되지 마라 _____

폭락장이 찾아오면 시장은 큰 폭의 변동성을 보여준다. 시장이 크게 하락했다가도 다시 크게 반등할 수가 있는 것이다. 이런 상황일수록 평정심을 가지고 냉정하게 시장을 바라보아야 한다. 시장이 크게 떨어진다고 해서 낙담하고 우울한 감정에 젖어 시무룩한 상태로 있다가도 시장이 크게 오를 때는 웃으며 즐거워하는 등 조울증에 빠진 사람처럼 행동해서는 안 된다. 시장의 변화를 차분히 관찰하고 분석하면서 더 높은 수익을 올릴 방법을 생각해야 한다.

다섯째, 섣불리 매매하지 마라 _____

시장이 갑작스럽게 하락하게 되면 빨리 손실을 만회하고 싶다는 생각이 들 수가 있다. 그렇지만 손실을 만회하기 위해 감정적으로 매매를 해서는 안 된다. 두려운 감정에 휩싸인 나머지 손실을 줄이기 위해서 손절매를 했다가 시장이 반등하는 것을 보고 손실을 만회하기 위해 추격매수를 하는 상황은 감정적인 투자자들에게서 흔히 나타나는 모습이다. 추격매수를 하고 나면 어김없이 시장은 하락하고 오히려 손실폭은 점점 더 커질 뿐이다. 감정적인 매매를 자제하고 시장을 냉정하게 바라보면서 여유를 가질 필요가 있다. 감정이 앞선 매매는 손실을 초래할 뿐이다. 감정이 앞선다는 것은 합리적 판단을 할 수 없다는 것이기 때문에 절대 시장에서 수익을 낼 수가 없다. 감정을 다스리면서 평정심을 갖고 시장을 냉정히 바라보는 것이 중요하다.

이 다섯 가지 조언 외에도 월가의 영웅이라 불리는 피터 린치는 하락장에서 투자자들이 집중해야 할 것에 대해 한마디로 정리했다.
"기업의 펀더멘털에 집중하라."
그는 시장에는 항상 걱정할 거리가 있다고 말했다. 투자자들이 통제할 수 없는 변수에 집착하면서 너무 많은 시간과 에너지를 낭비하고 있다는 것이 그의 설명이다. 경제는 호황과 침체를 반복한다. 올바른 기업에 투자한다면 경기 침체와 시장 붕괴를 걱정할 이유가 없다. 피터 린치는 투자 전략이 올바르다면 장기적으로 승리할 수 있다고 말했다.

폭락장에서 투자자들이 가져야 할 자세는 두려움과 공포, 불안에 떠는 것이 아니라 올바른 투자 전략을 사용하고 있는지 자신의 전략을 점검하는 것이다. 내가 보유한 기업들이 장기적으로 성장할 기업인지 확인하고 기업 본질 가치에 비해 가격이 크게 하락한 우량한 기업을 찾는 일을 게을리해서는 안 된다. 올바른 전략을 바탕으로 장기 투자를 한다면 어떤 위기가 와도 흔들릴 필요가 없다.

애플 주가 200배
상승의 비밀

주식투자를 하고 있거나 주식투자에 관심 있는 사람이라면 한 번쯤 100배, 200배 수익이라는 대박을 꿈꾼다. 그런데 상상 속에서만 존재할 것 같은 '100배, 200배 수익이 허상이 아닌 현실'이라고 한다면 그 말을 믿을 수 있겠는가?

실제로 애플의 주가는 15년 동안 200배 넘게 상승했다. 2003년 3월, 주당 1달러였던 애플의 주가는 2018년에 200달러를 넘어섰다(액면분할 주가 조정 반영). 만약 애플에 1억 원을 투자했다면 15년 만에 200억 원이 된 것이고, 투자금이 넉넉지 않아 1천만 원을 투자했다고 하더라도 최소 20억 원은 벌 수 있었다.

대학을 졸업하고 직장생활을 시작한 사람이 투자 자금을 모아 15년 전에 투자를 시작했다고 가정해보자. 30살에 어렵사리 1억 원을 모아 투자를 시작했다면 45살에는 200억 원을 손에 쥐고 기쁜 마음으로 경제적 자

그림 1-1 애플 주가 차트(2001년~2019년)

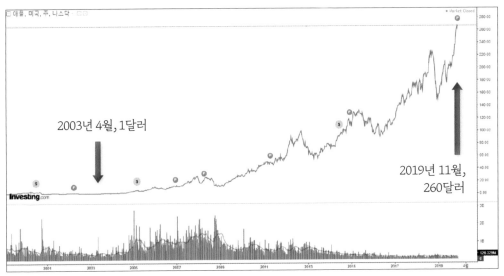

2003년 4월, 1달러

2019년 11월, 260달러

출처: www.investing.com

유를 누리고 있을 것이다. 40살에 투자를 시작했다고 하더라도 55살에 은퇴하여 풍족한 여생을 보낼 수 있다. 일반적인 정년퇴직 나이가 63살이라는 것을 생각해보면 남들보다 일찍 경제적 자유를 얻을 수 있다.

15년이 너무 길다는 생각이 든다면 애플보다 더 좋은 주식을 찾으면 된다. 그렇게 한다면 더 짧은 기간 동안 높은 수익률을 올릴 수 있다. 애플의 경우 아이폰이 출시된 이후인 2008년에 투자를 시작했더라도 높은 수익을 올릴 수 있었다. 2007년 1월, 아이폰이 세상에 모습을 드러낸 이후 2008년 애플의 주가는 10~20달러 사이를 오갔다. 사람들이 아이폰에 열광하는 것을 보고 2008년부터 애플의 주식을 샀더라도, 10년 만에 최소 10~20배의 수익을 얻을 수 있었다. 1억 원을 투자했다면 10년 만에 10~20억 원, 2억 원을 투자했다면 10년 만에 20~40억 원을 만들 수 있었다.

이 글을 읽는 여러분은 만약 과거로 되돌아갈 수만 있다면 애플의 주식에 모든 재산을 투자하고 싶을지도 모른다. 하지만 이것은 상상 속에서나 가능한 일이다. 그렇다면 현실적으로 가능한 일은 무엇일까? 지금 애플과 같은 기업을 열심히 찾고 그 기업에 투자하면 된다.

여기에서 한 가지 의문이 생길 수도 있다. '과연 어떻게 애플과 같은 주식을 찾을 수 있을까? 특별한 능력이나 기술이 필요한 것은 아닐까?'라는 생각이 들 수 있다. 그런데 투자자에게 필요한 것은 특별한 능력이나 기술이 아니다. 꾸준히 관심을 가지고 시장과 기업을 관찰하고 인내심을 기르는 것만으로도 충분하다.

어떤 정보를 눈여겨봐야 하는가?_____

애플의 예를 들어보자.

애플이 2001년 처음 선보인 MP3플레이어 '아이팟'이 인기리에 판매되고 있던 2003년, 애플은 그해 4월 '아이튠즈 스토어(iTunes Store)' 서비스를 출시했고 이를 통해 음악을 한 곡당 0.99달러에 판매하기 시작했다. 한 곡에 0.99달러짜리 음악은 큰 인기를 누렸고, 이로 인해 애플의 콘텐츠 매출이 급격히 늘어날 것이라는 전망이 나왔다.

당시 우리나라에도 MP3 플레이어 인기가 대단했기 때문에 투자자라면 이런 변화를 뉴스나 신문을 통해 확인할 수 있었다. 이와 함께 리서치 기관들은 애플이 선도하고 있는 디지털 음악 시장의 규모가 더욱 커질 것이라고 전망했다. 향후 애플의 매출과 이익이 늘어날 것임을 누구나 예측할 수 있는 정보였다.

그리고 이보다 더 큰 사건은 2007년 1월에 있었다. 애플이 아이폰을 출시한 것이다. 애플은 '혁신의 아이콘'이라는 별명을 얻었고, 스티브 잡스는 혁신적 CEO의 상징이 되었다. 전 세계 사람들이 아이폰에 열광했고 세계 스마트폰 시장이 빠르게 성장할 것이라는 전망이 이어졌다. 우리 주변에도 스마트폰을 쓰는 사람들이 빠른 속도로 늘어났다. 아이폰은 사람들의 선호도가 가장 높았기 때문에 시장 규모가 커질수록 애플의 이익이 급증할 것을 예상할 수 있었다.

스마트폰 시장의 가파른 성장세가 이어질 것이라는 전망, 그리고 사람들이 아이폰에 열광하는 모습을 본 투자자라면 스마트폰 시장의 1등 기업인 '애플'에 대한 투자를 고려할 만했다. 국내 기업에 투자하는 사람이라면 삼성전자에 관심을 가져야 하는 것은 당연했다. 삼성전자는 '갤럭

그림 1-2 글로벌 스마트폰 출하량 추이

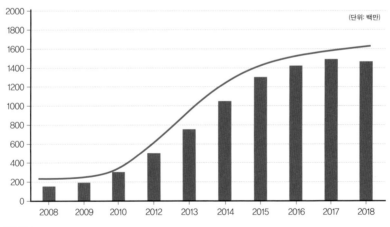

출처: IDC

시S 시리즈'를 출시하면서 단숨에 글로벌 스마트폰 시장 점유율 1위를 달성했고 애플과 함께 스마트폰 시장의 양대 강자로 불렸기 때문이다.

앞의 [그림 1-2]에서 확인할 수 있는 것처럼 스마트폰 시장이 폭발적으로 성장하기 시작하는 시점인 2010년부터 성장세가 꺾인 2018년 말까지 애플에 투자했더라도 10배 가까운 수익을 취할 수 있었다. 물론 '음악 콘텐츠'로 막대한 돈을 벌어들인다는 소식을 접했을 때부터 끈기 있게 장기 투자했다면 200배 수익도 불가능한 상상은 아니다.

이런 놀라운 수익률이 미국 주식에만 있는 것은 아니다. 미국 기업들은 세계에서 가장 큰 소비시장인 미국을 기반으로 하고 있고 전 세계를 상대로 장사한다는 점에서 유리한 점이 있다. 하지만 우리나라에도 전 세계를 상대로 사업을 펼치는 글로벌 기업이 있고, 내로라하는 글로벌 기업이 아니더라도 가파른 성장세를 보여주는 기업들이 있다. 우리나라 글로벌 기업의 대표적인 예로 삼성전자가 있고, 과거에 비교적 짧은 기간 동안 빠르게 성장하면서 주가가 많이 오른 기업으로는 SPC삼립과 같은 기업이 있다.

투자자가 해야 할 일은 어느 분야가 빠르게 성장하는지를 파악하고 그 분야에서 어떤 기업이 가장 두각을 나타내는지 확인하고 투자하는 것이다. 빠르게 성장하는 분야에서 선두를 달리는 기업의 실적은 빠른 속도로 좋아지며 이익이 늘어난다. 자연스럽게 주가 상승으로 이어지며 투자자에게 커다란 부를 안겨줄 수 있는 토대가 된다. 어느 분야가 빠르게 성장할 것인지 파악하는 일은 전문가의 전유물이 아니다. 일반 투자자도 책과 신문을 읽고, 인터넷 검색을 통해 충분히 '성장하는 분야'를 파악할 수 있다. 개별 기업들이 성장하고 있는 분야에서 어떤 성과를 보여주고

그림 1-3 삼성전자 주가 차트(1999년~2019년)

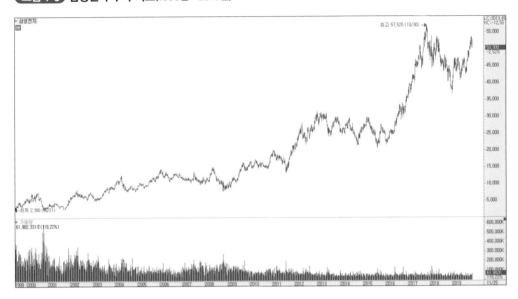

그림 1-4 SPC삼립 주가 차트(2012년~2015년)

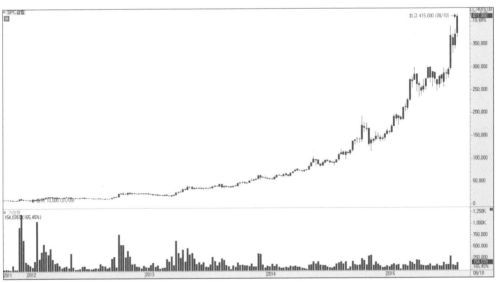

출처: 키움증권 '영웅문4'

있는지 실적을 확인하면서 끈기 있게 추적해서 투자한다면, 그곳에서 경제적 자유로 가는 길을 찾을 수 있다.

- SPC삼립(구 삼립식품)의 2012년 주가는 약 1만 원 선이었다. 2015년 여름에는 41만 원까지 상승했다. 3년 만에 약 41배 상승한 원동력은 당시 큰 인기를 누리며 매장 수를 빠르게 늘려가던 '파리바게트'의 영향이 컸다. 파리바게트가 빠른 속도로 국내 제빵 시장을 장악하면서 SPC삼립의 이익이 급격히 늘어났고 이에 따라 SPC삼립의 주가도 큰 폭으로 상승할 수 있었다.

- 애플의 주가는 2018년 말부터 스마트폰 시장의 성장 정체 속에서 다소 불안한 흐름을 보여주었다. 하지만 2019년 9월, '애플TV+'를 출시해 OTT/콘텐츠 시장에 본격 진출할 것을 선언하면서 콘텐츠 기업으로서의 행보가 주목받고 있다. 더불어 에어팟의 인기와 아이폰11의 판매 호조 등으로 인해 2020년 초까지 주가는 고공행진을 거듭하고 있다.

진흙 속에서
진주를 찾는 방법

투자에 성공하는 가장 확실하고 안전한 방법 중 하나는 1등에 투자하는 것이다. 우리나라에는 독보적 1등인 삼성전자가 있기 때문에 삼성전자에 투자하는 것은 심리적으로 가장 안정적인 투자 중 하나가 될 수 있다. 하지만 삼성전자 역시 반도체 및 스마트폰 사업 부진으로 인해 주가가 떨어질 수 있고, IT/전기전자 업종이 아닌 다른 업종이 시장의 주도 섹터로 떠오를 수도 있기 때문에 투자자로서는 여러 가지 선택지를 구비해 놓는 것이 좋다. 여러 가지 투자 종목을 적절히 활용하면 투자 수익률을 더 높이 끌어올릴 수 있으며 이는 종목 포트폴리오 다양화라는 측면에서 볼 때도 긍정적이고 안정적인 투자 방법이 될 수 있다.

우리는 투자 수익률을 높이기 위해서 '진주'를 찾아야 한다. 진주를 찾는 일이 쉬울 리 없지만 간혹 '쉽게 잡을 수 있는 기회'가 올 때도 있다. 바로 '폭락장'이 출현하는 시기다. 이 시기에는 대다수의 사람들이 비관론에 휩싸여 시장을 부정적으로 바라보면서 가진 주식을 자의 반 타의 반으로 매도하고 시장을 떠난다. 이런 시기에 묵묵히 시장을 관찰하면서 '좋은 종목' 찾기에 매진하고, 적극적으로 주식을 매수하는 사람들이 결국에는 시장에서 승자가 된다. 남들이 버리고 간 주식을 싼 값에 매수한 후 기다리는 일, 이것이 바로 투자의 가장 기본적인 원칙이자 가장 큰 덕목인 '싼값에 사서 비싼 값에 팔아라!'라는 격언을 잘 실천하는 일이다.

폭락장에서 어떻게 '진주'를 찾을까? _____

폭락장에서는 소위 '센 놈'을 찾으면 된다. 시장이 좋을 때는 무엇이 진짜 좋은 종목인지 구별하기가 쉽지 않지만 하락장, 특히 폭락이 찾아왔을 때는 좋은 종목과 안 좋은 종목이 확연히 구분된다. '센 놈'은 폭락장에서도 하락폭이 적거나 하락하지 않고 꿋꿋하게 버티고, 때로는 폭락장에서 상승하기도 한다. 이런 종목들은 대개 업종의 대표 종목, 즉 1등 기업인 경우가 많다. 1등이 꿋꿋하게 버티는 업종은 단기적이든 장기적이든 상승장(반등장)이 찾아왔을 때 증시를 주도하는 업종으로 우뚝 설 수 있으며, 업종 1등은 대장주로서 남들보다 먼저, 그리고 강하게 오르는 경향이 있다. 이 같은 움직임은 주식시장뿐만 아니라 부동산 시장도 그렇다. 부동산 시장이 오랜 기간 침체기를 지나서 상승장으로 변할 때는 언제나 강남이 먼저 오르고 주변 지역이 따라 오른다. 강남은 부동산 시장의 대장으로서 언제나 먼저 오르면서 상승의 신호탄을 쏘았고 그렇기 때문에 상승장을 주도하는 최고의 투자처로 모두의 사랑을 받는다.

이런 현상이 나타나는 이유는 의외로 단순하다. 대장주는 언제나 많은 사람들에게 관심의 대상이자 선호의 대상이다. 폭락장이 왔을 때는 그 기업이 가지는 실제 가치보다 더 큰 폭으로 가격이 떨어지는 경우가 많고, 가격이 가치 이하로 떨어졌다고 생각되는 순간 매수세가 몰리게 된다. 이로 인해 대장주들은 폭락장에서도 다른 주식에 비해 하락폭이 적다. 그리고 시장이 상승 분위기로 전환될 때는 시장 상승에 대한 기대감 속에서 많은 자금이 일시적으로 몰리기 때문에 상승 추세가 확인된 대장주들이 먼저 치고 올라가면서 상승을 주도하게 된다.

지난 2019년 8월 폭락장을 기준으로 봤을 때, 코스피 지수보다 강한 면모를 보인 종목들이 지수가 반등한 이후 지수에 비해 높은 수익률을 올려준다는 것을 확인할 수 있다. 코스피 지수보다 높은 상승률을 보이면 그 종목은 시장보다 강한 흐름을 보였다고 할 수 있고, 코스피 지수보다 낮은 상승률을 보이면 시장보다 약한 흐름을 보였다고 할 수 있다. 코스피가 큰 하락을 보일 때 낙폭이 적거나 반등이 강하게 나타난 종목들이 바로 '센 놈', 향후 시장의 주도주 역할을 할 만한 종목이라고 할 수 있다.

[그림 1-5] 차트는 2019년 5월부터 2019년 12월까지 코스피 지수(붉은선), 카카오(노란선), NAVER(초록선), 삼성전자(파란선), 포스코(검은선)의 주가 흐름 비교 차트이다.

2019년 8월 6일, 코스피는 장중 3년 최저점인 1891포인트를 찍었고 종가는 전일보다 1.51% 하락한 1917포인트를 기록했다. 장중에 심리적 지지선이었던 1900포인트가 무너지면서 투매가 많이 나왔고, 이후 저가 매수세가 이어지면서 종가는 1900포인트 위에서 마감됐다. 이 차트에서 눈여겨볼 점은 IT/서비스 섹터의 대장주격인 NAVER와 카카오는 종합

그림 1-5 코스피와 주요 종목들의 5월 이후 주가 흐름 비교

출처: www.investing.com

주가지수가 최저점을 지나는 시기에도 주가가 견조(주가의 시세가 내리지 않고 높은 상태에 계속 머물러 있음)한 흐름을 보였다는 것이다. 카카오의 경우 일시적으로 하락했지만 곧바로 반등하면서 주가가 크게 상승하는 모습을 보여주었고, NAVER는 소폭 하락하고 지속적인 상승세를 이어갔다. 삼성전자의 경우에는 코스피와 비슷한 흐름을 보여주었지만 주가 회복 속도가 코스피보다 빠르게 나타나면서 5월부터 11월까지 누적 수익률 약 11%를 기록했다. 같은 기간 코스피 지수 수익률이 약 -6% 수준이라는 점을 감안한다면 시장보다 긍정적인 흐름을 보여주었음을 알 수 있다. 반면, 포스코는 같은 기간 누적 수익률이 약 -14%를 기록했는데, 이

는 코스피 누적 수익률 -6%보다 더 낮은 수치이며, 코스피가 큰 폭으로 하락할 때는 더 많이 떨어지는 모습을 보여주었다.

돌이켜보면 8월 폭락 이후 코스피 상승을 주도하고 있는 섹터로는 IT/서비스와 IT/전기전자임을 확인할 수 있고 앞으로도 중요한 역할을 할 것이라고 예상할 수 있다. 폭락장 속에서도 쉽게 하락하지 않고 시장이 반등할 때 가파른 상승세를 보여주었다는 점에서 큰손들이 이들 종목의 가격을 관리하고 있다고 짐작할 수 있다. 이들 종목의 장기적인 전망이 긍정적이라는 것을 암시하는 대목이기도 하다.

앞의 [그림 1-5]에서 볼 수 있듯이, 8월 초 코스피 폭락이 오기 전까지는 대체로 주가 흐름과 수익률이 비슷했다. 하지만 폭락장이 찾아왔을 때, 폭락하는 종목과 그렇지 않은 종목이 확연히 구분되는 모습을 보였으며 이후에는 수익률이 더 큰 차이로 벌어졌다. 폭락이 찾아왔을 때 좋은 종목, 앞으로 나에게 수익을 안겨줄 종목을 고르기가 쉬워진다는 얘기다. 그러니 폭락 시기 매도 행렬이 이어질 때 시장을 계속 주목하고 있다가 시장이 반등할 때 강한 흐름을 보이는 종목에 과감하게 투자한다면 좋은 결과를 얻을 수 있다.

꽃이 만발한 꽃밭에서는 어느 꽃이 가장 예쁘고, 향이 진한지 구별하기 힘들다. 하지만 진흙 속에서는 어느 꽃이 예쁘고, 향이 진한지 단번에 구별할 수 있다. 투자자라면 두려움을 극복하고 진흙 속에서 피어나는 꽃을 찾을 수 있는 지혜와 용기를 길러야 한다.

카더라 주식, 지인 추천 주식,
절대 사지 마라!

　　주식 종목 중에는 '카더라 주식'과 '지인 추천 주식'이라고 불리는 것이 있다. 카더라 주식은 인수 합병, 대형 투자가 이어질 것이라는 소문이 있는 주식, 제약 바이오주 같은 경우 대박 의약품 출시나 임상실험 성공이 확실시 된다는 소문이 있는 주식 등 주가가 오를 만한 이슈가 비밀스럽게(?) 퍼지고 있는 주식을 말한다. 이와 같은 카더라 주식은 대부분 지인을 통해서 소식이 전해진다.

　　지인 추천 주식은 어느 날 갑자기 지인으로부터 연락이 와서 '○○회사 호재가 있다고 하더라'는 이야기를 듣고 매수하거나, 지인에게 어떤 종목을 매수해보라는 권유를 받고 매수하는 주식을 말한다. 카더라 주식과 지인 추천 주식은 본질적으로 같다고 할 수 있다. 특히, 카더라 주식은 지인과의 술자리나 소규모 모임 같은 사적인 자리에서 소문을 전해 들을 때 은밀함과 기대감이 상호작용하면서 더욱 매력적인 종목처럼 보이게 된다.

지인으로부터 특정 종목에 호재가 있어서 주가가 오를 것이라는 말을 듣고 나면 많은 사람들이 그 말의 진위 여부를 따지지 않고 일단 주식을 산다. 온라인에서 떠도는 정보가 아니라 지인의 입에서 흘러나온 정보이니 믿을 만하다고 생각하기 때문이다. 이런 경우 '정보를 알려준 지인'은 본인도 정말 믿을 만한 사람에게 전해들은 이야기라고 하면서, 절대 다른 사람에게 알려주면 안 되고 혼자만 알고 투자에 참고해야 한다고 주의를 준다. 게다가 본인도 그 주식을 조금 가지고 있다는 이야기를 덧붙인다.

이야기를 전해들은 그 시점을 전후해서 사람들은 해당 종목의 주가가 상승하는 것을 목격하기 때문에 대부분 그 말을 진실이라고 믿게 되고, 처음에는 재미삼아 소액으로 투자해보려고 했다가 마음을 바꿔 거금을 투자하기에 이른다. 실제로 주가가 오르는 것을 보자 한몫 크게 챙겨보겠다는 욕심이 생기기 때문이다. 그렇지만 대부분의 경우 거액을 투자하는 순간부터 주가는 하염없이 흘러내리고 큰 손실을 입게 된다. 일시적인 조정이라고 생각하고 조금만 기다리면 숨어 있던 호재로 인해 주가가 더 크게 상승하면서 원금 회복은 물론이고 큰 수익을 남길 수 있을 것이라는 기대감으로 주가 하락을 견딘다. 하지만 기대와 달리 주가는 지속적으로 흘러내리고 가슴은 타들어간다. 답답한 마음을 하소연할 곳도 없다. 지인에게 이야기하기도 민망하고 가족들에게는 더더욱 말할 수가 없다. 그렇게 속병을 앓게 되고 그 주식은 쳐다보기도 싫은 단계에 이르게 된다. 기회를 엿봐서 지인에게 슬쩍 '그 주식' 이야기를 꺼내보지만, 지인은 아직도 가지고 있냐며 핀잔을 준다. 지인은 이미 오래전에 매도했다고 하면서, 그 종목은 잊으라고, 다음에 좋은 정보 있으면 다시 알려준다고 한다.

왜 이런 현상이 나타나는 것일까?_____

공교롭게도 대다수의 카더라 주식, 지인 추천 주식에서 나타나는 패턴이 비슷하다. 이야기를 전해들은 시점을 전후해 주가가 상승하는 모습을 보인다. 호재 소식을 전해들은 다수의 사람들이 주식 매수에 나서기 때문에 주가가 일시적으로 상승 흐름을 보일 수 있기 때문이다. 특히, 카더라 주식은 대부분 시가총액이 작은 소형주이기 때문에 많은 사람들의 동시다발 매수로 일시적 상승세를 만들어낼 수 있다. 카더라 주식이 상승하는 모습을 확인한 사람들은 더 큰 수익을 얻기 위해 적극적으로 매수에 참여하고 이 때문에 일시적으로 상승폭이 더욱 커질 수 있다.

사람들이 더 많은 돈을 투자하면 할수록 주가는 올라간다. 하지만 더 이상 큰돈을 넣는 사람이 없는 시점, 즉 매수세가 들어오지 않는 시점이 되면 상승 동력이 사라진다. 이 순간부터는 초기에 진입해서 수익을 낸 사람들이 먼저 빠져나오고, 뒤이어 약간의 손실을 본 사람들이 매도를 시작한다. 큰돈을 투자한 사람은 약간의 하락에도 손실이 커지기 때문에 쉽게 매도하지 못하고, 기약도 없는 호재를 생각하며 주가 반등을 하염없이 기다리게 된다.

여기에서 우리는 한 가지 의문을 가져야 한다. 지인 추천 주식이 가진 은밀한 정보가 내 귀에 들어오기까지 얼마나 많은 사람들을 거쳤을까? 과연 나처럼 평범한 사람이 숨어 있는 '특급 호재'를 알게 되는 것이 가능할까? 지인은 혼자만 알고 있어야 하는 '비밀'이라고 했지만, 그 비밀은 이미 '혼자만 알고 있어야 하는'이라는 수식어를 달고 수많은 사람들에게 전달되었을 가능성이 높다.

'케빈 베이컨의 6단계 게임'이라는 이론이 있다. 여섯 단계만 거치면

지구상에 있는 모든 사람들이 연결된다는, 지구에 사는 모든 사람들이 서로 아는 사이가 될 수 있다는 사회적 통념을 이용한 놀이이다. 이것을 '지인 추천 주식'에 적용해본다면 어떨까?

나에게 '비밀 정보'가 전달될 때, 최초 정보 제공자와 나 사이에는 지인을 비롯해 최소 한두 사람이 더 개입되어 있을 가능성이 높다. 그 지인 역시 그 기업의 내부자가 아닌 이상 다른 사람에게 그 이야기를 전달받았을 가능성이 높기 때문이다. 그렇게 본다면 최초 정보 전달자에서 나한테 오기까지 네 단계 정도는 거치게 된다. 그 정보는 나에게 전달되는 동안 또 다른 곳에서 다른 사람에게도 전달되고 있다고 할 수 있고, 결과적으로 주식투자를 하는 수많은 사람들이 그 정보를 접했을 가능성이 매우 높다. 나에게까지 전해진 정보는 더 이상 '비밀 정보'가 아니며, 설령 실제로 매우 중요한 정보였다고 하더라도 정보가 널리 알려지면서 정보의 가치를 대부분 상실한 상태이기 때문에 그것을 활용해서 돈을 벌기란 사실상 어렵다고 봐야 한다.

이런 경우, 오히려 어떤 특정 세력이 물량을 떠넘기기 위해 거짓 정보를 퍼트렸을 가능성이 높다. 주식을 저가에 사서 모은 세력이 대량의 물량을 손해 보지 않고 넘기기 위해서는 그 물량을 받아줄 누군가가 필요하다. 그 누군가를 모으기 위해서 '비밀 특급 호재'라는 이름으로 정보를 퍼트리고, 정보는 순식간에 '카더라', '지인 비밀 정보'라는 이름으로 투자자들 사이에 알려진다. 개인 투자자들의 매수세가 들어오면서 주가가 상승할 때, 큰손들은 대량의 물량을 떠넘기고 빠져나간다. 그리고 그 주식은 곧 개미들의 눈물이 모여 흐르는 통곡의 강이 된다.

카더라 주식, 지인 추천 종목을 멀리해야 하는 이유는 그 지인이 나쁜 사람이기 때문이 아니다. 그 정보가 나에게만 전달되는 것이 아니라 수많은 사람들이 정보를 습득하고 '그 종목'을 주시하고 있다는 사실 때문이다. 어쩌다가 그런 정보를 알게 되더라도 관심 가지지 않는 것이 가장 좋고, 재미삼아 그 종목을 보더라도 주가의 움직임에 절대 동요하지 말아야 한다. 조급한 마음에 덜컥 매수하게 되면 주가의 고점에서 설거지를 해야 하는 경우가 생긴다. 나의 피 같은 돈을 단순히 재미로 날려서는 안 된다.

우리나라 속담에 '소문난 잔치에 먹을 것 없다'라는 말이 있다. 대부분의 사람들이 소문을 듣고 잔칫집에 갔을 때는 이미 먹을 만한 음식이 없어진 후이다. 잔칫집에서 맛있는 음식을 먹으려면 사람들이 많이 오기 전에 일찍 가서 기다려야 한다. 마찬가지로 '소문난 주식'에 먹을 것이 없다는 점을 명심해야 한다.

붉은색은 절대 금물,
재무제표 간단 확인법

　주식시장에 관한 속설 중에는 시장이 비이성적이고 합리적이지 않다는 이야기가 있다. 이러한 특성 때문에 시장에는 실제 가치에 비해 저평가된 종목들이 있고, 반대로 고평가된 종목들도 있다. 여기에서 저평가와 고평가의 기준은 해당 기업이 어느 정도의 매출을 올리고 돈을 벌어들이는가, 즉 실적이다. 결국 주가를 움직이는 가장 기본적인 요소는 기업의 실적이라는 점 때문에 실적 발표 시즌이 되면 삼성전자나 LG전자, 현대차 등 우리나라 대표 기업들의 실적에 대한 이야기가 뉴스에 자주 등장한다. 그리고 기업의 실적 전망이 좋으면 주가가 오르고 전망이 나빠지면 주가가 떨어지는 것도 쉽게 목격할 수 있다.

　우리는 기본적으로 투자할 기업에 대한 재무제표를 꼭 살펴보는 습관을 들여야 한다. 주식투자를 처음 시작하려는 사람이라면 먼저 재무제표를 다룬 책을 보거나 강의를 들으면서 공부할 것을 권한다. 재무제표라고 하면 막연히 어려울 것이라는 생각 때문에 거부감이 들 수도 있지만, 색깔 구분만 할 수 있다면 투자를 해도 되는 종목인지, 하면 안 되는 종목인지 구별할 수 있다. 앞서 '카더라 주식, 지인 추천 주식, 절대 사지 마라!'에서 이야기했음에도 불구하고 지인이 강력 추천하는 종목에 관심이 간다면 반드시 해당 종목의 재무제표를 먼저 들여다봐야 한다. 그래야 실패 확률을 줄일 수 있다.

여기에서는 재무제표의 특정 항목에 나타난 색깔 구별을 통해 투자를 해도 되는 종목과 하지 말아야 할 종목을 골라내는 방법에 대해서 설명해보겠다. 물론 이것이 하나의 판단 기준은 될 수 있지만 절대적인 기준은 아니라는 점을 명심하자.

다음의 [그림 1-6]은 증권사의 HTS(Home Trading System)에서 기업분석 창을 띄운 모습이다(키움증권 영웅문4 기준, 메뉴 번호 0919). 증권사에 따라서 메뉴 이름이 다를 수도 있는데 대체로 '기업분석' 혹은 '기업정보'로 검색하면 해당 창을 띄울 수 있다(①). 상단의 메뉴탭에서 [기업분석]을 클릭(②)한 다음 간단히 정보를 파악하기 위해 [Snapshot]을 선택한다(③). 그런 다음 스크롤을 내리면서 기업에 대한 정보를 확인하면 된다. 중요한 것은 가장 하단에 위치한 Financial Highlight, 즉 재무제표 정보를 간략히 기재해 놓은 항목이다(④). 여기를 보면 이 종목을 매수해야 할지, 매수하지 말아야 할지 파악할 수 있다.

스마트폰에서도 MTS를 이용해 기업정보를 확인할 수 있다. 다음의 [그림 1-7]에서 보는 바와 같이 해당 종목을 검색한 뒤 상단 메뉴의 e기업정보(①)를 클릭한 다음, 재무정보 탭(②)에서 아래쪽의 손익계산서(③)를 확인하면 된다.

그림 1-6 HTS 화면에서 '기업분석' 창을 띄운 모습

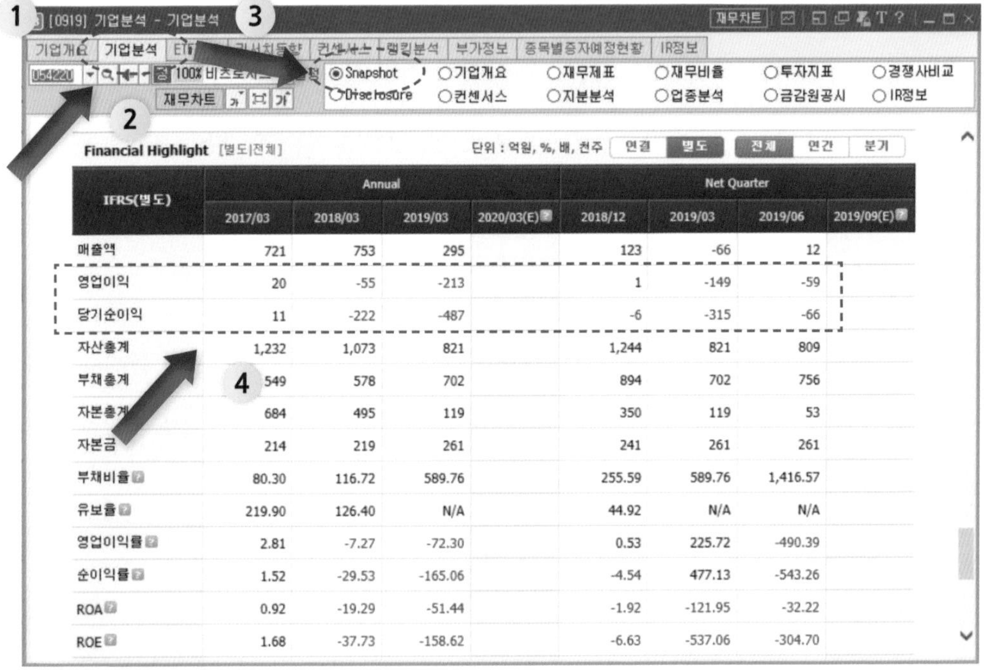

IFRS(별도)	Annual				Net Quarter			
	2017/03	2018/03	2019/03	2020/03(E)	2018/12	2019/03	2019/06	2019/09(E)
매출액	721	753	295		123	-66	12	
영업이익	20	-55	-213		1	-149	-59	
당기순이익	11	-222	-487		-6	-315	-66	
자산총계	1,232	1,073	821		1,244	821	809	
부채총계	549	578	702		894	702	756	
자본총계	684	495	119		350	119	53	
자본금	214	219	261		241	261	261	
부채비율	80.30	116.72	589.76		255.59	589.76	1,416.57	
유보율	219.90	126.40	N/A		44.92	N/A	N/A	
영업이익률	2.81	-7.27	-72.30		0.53	225.72	-490.39	
순이익률	1.52	-29.53	-165.06		-4.54	477.13	-543.26	
ROA	0.92	-19.29	-51.44		-1.92	-121.95	-32.22	
ROE	1.68	-37.73	-158.62		-6.63	-537.06	-304.70	

출처: 키움증권 HTS '영웅문4'

재무제표에는 기업 활동의 여러 가지 정보가 표시되지만 가장 중요한 것은 이 기업이 돈을 얼마나 벌어들이는지를 확인하는 것이다. 가장 먼저 영업이익과 당기순이익을 확인해야 한다. 만약 이 부분에 붉은색 글자가 많다면 매수는 진지하게 고려해봐야 한다. 붉은색 글자가 많다는 것은 이 회사의 경영 상태가 좋지 않고 사업을 하면서 손해를 보고 있었다는 증거이다. 기업이 돈을 못 벌면 배당금은 고사하고 기업 운영 자금이 필요하다는 이유로 유상증자를 단행해 주가에 악영향을 줄 수도 있다. 심지어 적자가 계속되면 거래정지와 상장폐지에 이를 수도 있다는

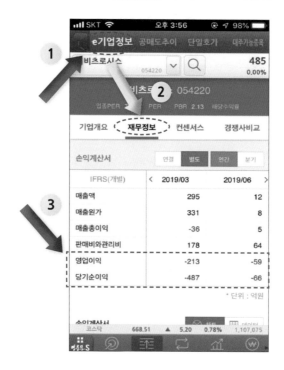

그림 1-7 키움증권 MTS '영웅문S' 기업정보 화면

점도 명심해야 한다. 따라서 붉은색 글자가 검은색 글자보다 많이 보이면 주식을 사지 않는 게 현명한 선택이다. 특히 최근에 붉은색 글자가 나타나고 있고(적자), 숫자가 더 증가하고 있다면(적자폭이 더 커진다는 것) 그 주식은 절대 사면 안 된다.

간혹 이렇게 적자가 심한 기업들의 주가가 급등하는 경우가 있기는 하다. 기업 실적이 갑자기 좋아져서 급등하는 경우도 있고, 호재로 인해서 미래 실적이 좋아질 것이라는 기대감 때문에 급등하는 경우도 있다. 또한 인수 합병 소식이 있거나, 제3자 배정 유상증자 소식 등으로 인해 급등하는 경우도 있다. 그렇지만 이런 소식들이 들려온다고 해서 섣불리

매수하는 것보다는 흑자를 내고 있는 종목을 찾아보는 편이 더 나은 투자라고 본다. 실제로 실적이 좋아졌다는 사실이 알려지면서 주가가 반등하는 것은 좋은 일이다. 하지만 '확정되지 않은 실적 변화 소식'에 섣불리 매수했다가는 거래정지, 상장폐지 등의 위험을 감수해야 할 수도 있음에 유의해야 한다. 급등을 쫓는 모험을 하기보다는 안전한 투자를 하는 것이 금쪽같은 내 자산을 지키고 불리는 첫걸음이다.

실제로 장기간 영업이익, 당기순이익이 적자를 기록하고 있는 기업들은 거래정지나 상장폐지를 당하는 경우가 많다. 거래정지가 된다고 해서 무조건 상장폐지가 되는 것은 아니지만, 거래재개가 이루어지기까지 오랫동안 마음고생을 해야 한다는 점을 생각하면 적자 기업에 대한 투자는 애초에 하지 않는 게 여러모로 이롭다. 최악의 경우에는 상장폐지에 이르게 되므로 한순간의 잘못된 판단으로 피 같은 돈이 휴지조각이 될 수도 있다는 점을 명심해야 한다.

코스피에 상장된 종목의 경우에는 영업 손실과 관련한 상장폐지 기준이 없지만, 장기간 영업 손실을 낸 기업은 손실 내역을 감추기 위해 회계감사를 제대로 받지 않는 경우가 있다. 이럴 경우 '감사범위제한 한정', '감사의견 부적정' 또는 '의견거절'이 나올 수 있는데, 이럴 경우 거래정지에 이어 상장폐지 수순을 밟을 수도 있다.

코스닥의 경우에는 4년 연속 영업 손실(영업 적자)이 발생할 경우 관리종목으로 지정되며, 5년 연속 적자가 날 경우에는 상장폐지 사유가 된다. 그렇기 때문에 장기간 붉은색 글자가 재무제표에 있는 종목은 피하는 것이 상책이다. 특히, 이런 종목은 거래정지/상장폐지 수순을 밟기 직전 주가가 급등하면서 실적이 좋아질 것이라는 소문이 돌기도 한다. 이 경우 세력들이 주가를 띄우면서 개미들을 현혹시켜 물량을 떠넘기는 경우가 많기 때문에 주가가 급등한다고 해서 불나방처럼 뛰어들면 절대 안 된다.

코스피와 코스닥 시장에는 2,000개가 넘는 기업들이 상장되어 있다. 수많은 종목이 있고, 좋은 실적을 내면서 주가 역시 큰 폭으로 오르는 기업이 많다. 이렇게 실적이 좋은 기업들을 두고 굳이 지속적인 적자를 기록하고 있는 기업에 투자하는 모험을 강행할 필요는 없다. 더욱이 2019년 이후 개정 외부감사법(신외감법)이 적용되면서 감사보고서 작성이 엄격해졌고, 잘 알려진 대기업도 깐깐해진 회계 감사로 인해서 거래 정지를 당하는 일이 빈번해졌다는 점에 주의할 필요가 있다.

우리가 투자를 하는 이유는 자산을 불리기 위해서이다. 투자를 하면서 손실이 잦다면 그것은 올바른 투자라고 할 수 없다. 돈을 잃지 않는 것, 실수하지 않는 것이 올바른 투자의 제1원칙이 되어야 한다. 왜냐하면 돈을 잃지 않아야 자산을 불릴 수 있기 때문이다.

신문에서 미래를 읽자:
신문에서 매매 신호를 읽어내는 방법

주식이든 부동산이든 투자를 하는 사람이라면 경제 신문 한두 가지는 꼭 읽어야 한다. 종이 신문을 구독할 것을 추천하지만, 굳이 종이 신문이 아니더라도 태블릿이나 스마트폰을 이용해서 신문을 보는 것도 하나의 방법이다. 요즘 신문사에서는 종이 신문과 함께 모바일 신문도 제공하고 있고, 모바일용 신문만 구독할 경우에는 구독료가 종이 신문보다 저렴하다는 장점도 있다. 종이 신문으로 보는 것과 모바일로 보는 것은 각각 장단점이 있기 때문에 본인의 취향에 맞게 선택하면 된다. 어쨌든 경제 신문 하나쯤은 구독하는 성의가 필요하고, 신문 구독이 부담스럽다면 네이버의 뉴스 서비스인 '뉴스 스탠드'를 이용해서 매일 신문 읽는 습관을 들이자.

경제 신문을 보는 습관을 들이면 경제의 흐름이 보인다. 주식투자는 거시 경제의 흐름 속에서 개별 기업이나 산업에 투자하는 것이기 때문에 신문을 통해서 투자할 만한 좋은 기업을 찾을 기회를 포착할 수 있다. 별도로 시간을 내기 어렵다면 출퇴근 시간을 이용해서라도 신문 읽는 습관을 꼭 들여야 한다.

신문에서 어떻게 투자의 기회를 포착할 수 있을까?_____

이 질문에 대한 해답을 찾는 것이 신문 읽기의 중요한 포인트라고 할 수 있다. 신문은 여러 가지 섹션으로 구성되어 있는데, 주식투자를 하기 위해 '주식/증권 섹션'만 보라는 말이 아니다. 오히려 그런 곳에서 '주가가 오른다' 혹은 '올랐다', '전망이 좋아 보인다', '추천한다', '추천 종목' 등의 코멘트가 붙은 종목들은 신문 효과로 인해서 하루이틀 정도는 반짝 주가 상승이 있을 수도 있지만, 고점에서 물량을 떠안고 하락을 경험해야 하는 경우가 더 많다. 이 때문에 투자 판단을 하는 데 있어서 '주식/증권 섹션'의 내용은 상당히 신중하게 참고해야 한다. '주식/증권 섹션'의 내용은 단순히 시장의 전체적인 흐름을 파악하는 정도로만 보면 된다. 큰손인 기관 투자자, 연기금, 외국인들이 증시에서 어떤 방향성을 보이고 있는지 정도를 살피라는 말이다.

지난 2019년 10월 4일자 경제 신문을 보면 국민연금 포트폴리오 조절에 대한 이야기가 나온다(▶뉴스 검색: '국민연금 포트폴리오 물갈이' 검색). 이 기사의 주요 내용은 국민연금이 5G 통신 관련주의 비중은 줄이고 현대모비스, 삼성전기 등의 대형주 비중은 늘렸다는 소식이다. 비교적 장기적인 포지션을 취하는 국민연금이 비중을 높인 업종/종목에 대해서는 향후 주가의 상승을 기대한다는 것이고(롱 포지션), 비중을 줄인 종목들은 주가 상승에 따른 차익 실현을 했다는 것을(숏 포지션) 의미한다. 국민 연금은 시장의 큰손으로서 정보력에서 개인보다 우위에 있고, 주식 운용 본부의 인력들도 비교적 고급 인력이다. 그러므로 개인 투자자들은 국민 연금의 움직임을 참고하면서 투자 전략을 세울 필요가 있다.

실제로 신문 기사가 나온 이후 5G 관련 기업들의 주가는 하락하기 시작했으며 시간이 지날수록 낙폭이 더욱 커졌음을 확인할 수 있다. 따라서 뉴스를 통해서 시장의 큰 흐름이 어떻게 흘러가고 있는지를 파악하고, 특정 업종이나 종목을 고점에서 매수하는 일이 없도록 주의해야 한다.

그림 1-8 5G 테마 대표 종목인 케이엠더블유 주가 차트

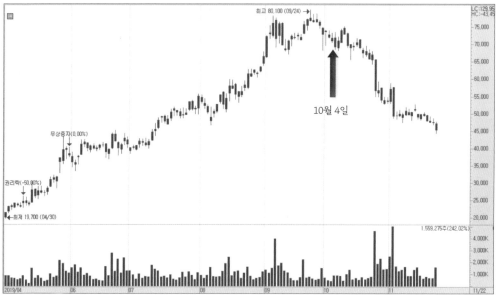

출처: 키움증권 '영웅문4'

신문을 오랜 기간 보다 보면 특정 기업이나 산업/업종에 대한 이야기가 반복해서 등장하는 것을 볼 수 있다. 그 정보가 특정 섹션에 국한되지 않고 신문의 여러 면에 걸쳐서 등장하기 때문에 신문을 한 장씩 넘기면서 어떤 기업들이 언급되고, 어떤 일들이 벌어지는지 살펴볼 필요가 있다. 특히 장기간에 걸쳐 반복적으로 노출되는 기업이나 업종/업황에 대한 이야기를 눈여겨봐야 한다.

지난 2019년 7월 4일 경제 신문에는 시중은행(신한/국민/우리은행 등)과 카카오뱅크 사이의 갈등 이야기가 나온다(▶뉴스 검색: '앱 베끼는 시중은행' 검색). 이 뉴스의 주요 내용은 시중은행들이 카카오뱅크의 앱 UI 뿐만 아니라 카카오뱅크가 내놓은 상품까지 카피해서 내놓고 있고, 이 때문에 카카오뱅크와 시중은행들 사이에 갈등이 불거지고 있다는 내용이다.

이 기사를 보면서 '시중은행들이 왜 카카오뱅크의 앱을 베끼고 비슷한 상품까지 내놓는 것일까?'라는 의문을 가질 법한데, 그 이유는 카카오뱅크가 잘 나가기 때문이다. 잘 나가는 카카오뱅크를 견제하기 위해 시중은행들이 앱을 베끼고 있다는 뜻이다. 투자자라면 이 대목에서 '잘 나가는 카카오뱅크'에 주목해야 한다. 카카오뱅크는 비상장 기업이지만 대주주는 카카오이다. 카카오뱅크가 잘 나가면 카카오의 주가 흐름에 긍정적 영향을 미칠 수 있다는 추정을 할 수 있다.

7월 22일 신문에는 카카오뱅크 1000만 가입자 기념 정기예금이 1초 만에 완판되었다는 기사가 나왔다(▶ 뉴스 검색: '카카오뱅크 천만 가입자 기념' 검색). 주요 내용은 카카오뱅크가 계좌 수 1000만 돌파를 기념해서 내놓은 연 5% 금리 특별판매 정기예금이 1초 만에 완판되었다는 내용이다. 여기에서 알 수 있는 것은 카카오뱅크의 규모가 1천만 명 수준이 되었다는 것이고 카카오뱅크가 내놓는 상품들이 큰 인기를 끌면서 수익성을 높이고 있다는 정보를 얻을 수 있다. 실제로 카카오뱅크는 출범 2년 만에 흑자로 전환하는 등 빠른 성장을 보여주고 있다.

8월 13일 신문에는 금융 앱 중 사용자 수 1위가 토스, 2위가 카카오뱅크라는 기사가 실렸다(▶ 뉴스 검색: '금융 앱 사용자 수' 검색). 이 뉴스의 주요 내용은 카카오뱅크의 사용자 수가 전년 대비 71% 증가하면서 2위를 차지했다는 내용이다. 시중은행인 NH농협, KB국민은행 등을 제친 것이다. 이를 통해서 카카오뱅크의 빠른 성장을 가늠해볼 수 있다. 카카오뱅크에 관한 이야기는 이후에도 지속적으로 신문 지면에 노출되었다.

그림 1-9) 카카오뱅크의 1대 주주인 카카오 주가 차트

출처: 키움증권 '영웅문4'

신문은 지나간 사건이 기록된 곳이지만 지나간 사건들을 통해서 미래를 예측할 단서를 읽어낼 수도 있는 매체이다. 앞서 소개한 연기금의 포트폴리오 조정, 카카오뱅크의 약진에 관한 내용 말고도 최근 우리나라 경제와 관련해서 반도체, OLED 업황에 대한 이야기가 지속적으로 노출되고 있고 해당 기업들의 투자가 이어질 것이라는 내용이 나오고 있다. 이 같은 내용을 바탕으로 현재 침체기를 걷고 있는 반도체나 OLED 산업이 2020년 이후에는 좋아질 것이라는 예상도 얼마든지 해볼 수 있다.

우리는 신문에 반복적으로 노출되는 기업이나 업황에 대한 소식에 늘 관심을 가져야 한다. 그리고 해당 기업들이 성장하고 있는지 그렇지 않은지를 잘 판단해서 투자에 활용해야 한다. 불황이 찾아오더라도 성장하는 기업들은 있기 마련이고 이런 기업들에 대한 소식은 신문에 자주 노출될 가능성이 높다. 따라서 신문을 활용해서 성장하는 기업, 성장하는 분야가 무엇인지 파악하고 미리 길목을 지켜 투자할 수 있도록 준비해야 한다. 성장하는 분야, 성장하는 기업들은 실적이 좋아질 가능성이 높고, 투자자에게도 큰 이익을 안겨줄 확률이 높다.

수익률 높이는 쉬운 투자 전략: 벤치마킹 전략

투자할 만한 좋은 기업을 찾는 것은 투자자의 영원한 숙제이다. 그렇지만 일반 투자자가 투자할 만한 좋은 기업을 찾는 일은 쉽지 않다. 좋은 기업을 찾기 위해서는 시간을 투자해서 기업을 다각도로 분석해야 하는데, 직장인 투자자들은 시간이 부족하다고 하소연한다. 또한 분석을 한다고 하더라도 그 분석이 정말 '옳은 방향'으로 분석한 것인지 확신하기 어렵다고 고충을 이야기한다.

설령 어렵사리 좋은 기업을 찾았다고 하더라도 그 종목이 수익을 보장하는 것은 아니다. 정말 좋은 기업을 찾아 그 기업의 주식을 매수했는데도 주가가 오르지 않는 경우가 많다. 아무리 좋은 기업이라 하더라도 주식 거래량이 적은 기업, 즉 사람들이 관심을 가지지 않거나 유동성이 적은 기업이면 주가가 오르지 않을 수도 있다. 주가 상승은 높은 가격에 주식을 매수해주는 사람이 있어야 가능한데, 해당 기업의 가치를 알아보는 사람이 없어서 아무도 주식을 매수하지 않으면 주가는 올라갈 수 없다. 그래서 주식을 매수할 때는 해당 기업의 가치를 따져보는 동시에 거래량이 얼마나 되는지 확인하는 절차도 매우 중요하다.

결국 좋은 종목을 찾는 주식 분석에서부터 매수에 이르기까지 여러 가지 문제에 봉착할 수 있는데, 이런 고민을 한 번에 날려버릴 수 있는 방법이 바로 '벤치마킹 전략'이다. 벤치마킹이란 기업 경영에서 흔히 사용하고 있는 방법으로 1등 기업의 사업 전략이나 경영 방식 등을 따라하는 전략이다. 주식시장에서도 이런 전략들을 흔히 사용하는데, 그 대표적인 예가 '잘나가는 펀드'의 포트폴리오에 담긴 종목들을 매수하는 방법이다.

펀드 포트폴리오 종목 복제, 어떻게 하면 될까?_____

벤치마킹 전략을 사용하려면 수익률이 높은 펀드, 유명 펀드매니저가 운용하는 펀드, 선호하는 자산운용사가 운용하는 펀드를 찾고 해당 펀드의 '자산운용보고서'를 확인하면 된다.

펀드 수익률은 '펀드 슈퍼마켓(www.fundsupermarket.co.kr)' 사이트나 금융투자협회의 펀드 정보 제공 페이지(dis.kofia.or.kr)에서 확인할 수 있다. 다음 [그림 1-10] 화면은 금융투자협회의 펀드 정보 페이지(펀드 다모아)를 활용한 그림이다.

수익률 상위 펀드의 포트폴리오를 확인하는 방법은 다음과 같다.

1) 금융투자협회 펀드다모아 페이지(http://dis.kofia.or.kr)에 접속.
2) 상단 메뉴의 '펀드 다모아(①)' 클릭.

3) 상단 펼침 메뉴의 'My 펀드찾기(②)' 클릭.

4) My 펀드 찾기에서 '조건 설정(③)' 후, 하단의 '검색(④)' 버튼 누르기.

5) 수익률 상위 펀드의 상세보기(돋보기 버튼(⑤)) 클릭.

6) 펀드상세조회 페이지에서 '자산운용보고서(⑥)' 클릭.

7) 보고서에서 주식-Long(매수) 항목(⑦) 확인.

그림 1-10 금융투자협회 펀드 정보조회 서비스 '펀드 다모아'

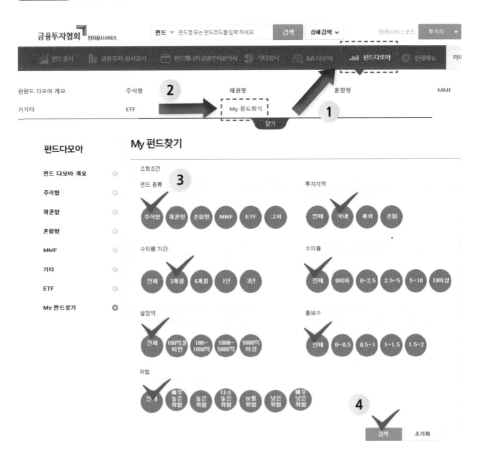

그림 1-11 펀드 포트폴리오 복제 방법

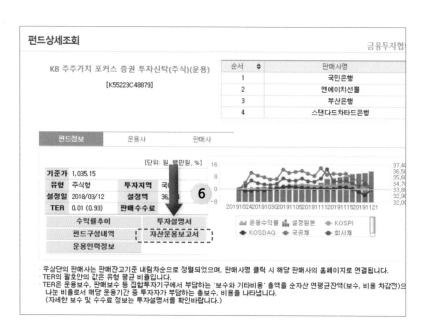

My 펀드찾기

조회조건 **주식형 , 국내 , 3개월 , 전체 , 전체 , 전체 , 전체**

🔽 다운로드 넓게보

순서	펀드명	운용사명	위험	6개월 수익률	1년 수익률 ▼	3년 수익률
1	KB주주가치포커스증··	케이비자산운용	높은위험	-0.18	20.09	
2	KTB VIP밸류퇴직연··	케이티비자산운용	다소높은위험	1.35	18.05	15.16
3	한국투자중소밸류증··	한국투자신탁운용	다소높은위험	-8.75	16.63	6.99
4	한국투자거꾸로증권··	한국투자신탁운용	다소높은위험	-9.16	16.61	-1.75
5	신한BNPP뉴그로스··	신한비엔피파리바자산··	다소높은위험	-3.19	15.95	17.63
6	신한BNPP뉴그로스··	신한비엔피파리바자산··	높은위험	-3.35	15.52	
7	하이코리아통일르네··	하이자산운용	다소높은위험	-4.35	14.93	25.07
8	한국밸류10년투자퇴··	한국투자밸류자산운용	보통위험	-2.57	14.78	10.06
9	한국투자신종개인연··	한국투자신탁운용	다소높은위험	-9.55	14.7	1.12
10	한국밸류10년투자배··	한국투자밸류자산운용	보통위험	-2.43	14.16	11.46
11	마이다스책임투자증··	마이다스에셋자산운용	다소높은위험	-2.08	13.73	57.54

펀드상세조회

금융투자협·

KB 주주가치 포커스 증권 투자신탁(주식)(운용)

[K55223C48879]

순서 ⇕	판매사명
1	국민은행
2	엔에이치선물
3	부산은행
4	스탠다드차타드은행

| 펀드정보 | 운용사 | 판매사 |

[단위: 원, 백만원, %]

기준가	1,035.15		
유형	주식형	투자지역	국내
설정일	2018/03/12	설정액	36,
TER	0.01 (0.93)	판매수수료	

수익률추이	투자설명서
펀드구성내역	자산운용보고서
운용인력정보	

◾◾ 운용수익률 ▮▮ 설정원본 ◆ KOSPI
◆ KOSDAQ ◆ 국공채 ◆ 회사채

·우상단의 판매사는 판매잔고기준 내림차순으로 정렬되었으며, 판매사명 클릭 시 해당 판매사의 홈페이지로 연결됩니다.
·TER의 괄호안의 값은 유형 평균 비율입니다.
·TER은 운용보수, 판매보수 등 집합투자기구에서 부담하는 '보수와 기타비용' 총액을 순자산 연평균잔액(보수, 비용 차감전)으
 나눈 비율로 해당 운용기간 중 투자자가 부담하는 총보수, 비용을 나타냅니다.
 (자세한 보수 및 수수료 정보는 투자설명서를 확인바랍니다.)

주식 – Long(매수)			
종목명	보유수량	평가액	비중
월			9
효			1
골			1
삼			0
매			9
생			6
에			2
S			0
천			8

출처: 금융투자협회

2019년 한 해 동안 국내 주식시장의 상황이 그리 좋지 않았기 때문에 국내 주식형 펀드 대부분의 수익률이 그리 좋지 못했다. 하지만 수익률 상위의 펀드가 보유하고 있는 종목들의 리스트를 살펴보면 기관투자자들이 선호하는 주식들의 동향을 파악하는 데 도움이 된다. 또한 중장기적으로 어떤 종목을 매수하면 좋을지에 대한 팁을 얻을 수 있다.

수익률 상위 펀드를 벤치마킹을 하는 일은 크게 두 가지 이점이 있다.

첫 번째는 펀드 포트폴리오의 상위 종목은 상당 부분 '검증된' 종목이라는 점이다. 자산운용사나 펀드매니저들은 운용사 내부 기준을 바탕으로 해당 종목을 펀드에 편입했을 것이다. 그 기준을 정확히 알 수는 없지만 펀드매니저들은 해당 종목의 주가가 상승할 것이라는 기대감을 가지고 편입했을 것임에 틀림없다. 이 종목들은 최소한 한 차례 검증을 거쳤기 때문에 상장폐지나 거래정지의 위험이 매우 낮다고 볼 수 있으며, 시장이 좋아지면 수익을 낼 확률이 높다고 판단할 수 있다.

두 번째 이점은 설정액이 큰 펀드에 편입된 종목일수록 유동성이 크다는 점이다. 기본적으로 펀드 종목이 구성될 때 일정 수준 이상의 시가총액, 유동성 등을 고려하게 된다. 따라서 펀드에 편입된 종목들은 시장에서 활발하게 거래되는 종목일 가능성이 높다. 즉, 주가가 저평가되어 있는데 유동성이 낮아서 주가가 상승하지 못하는 답답한 상황에 처하게 될 가능성이 현저히 낮은 종목들이라고 볼 수 있다.

하나의 예시로 국내 주식형 펀드의 포트폴리오를 살펴봤지만, 검색 옵션을 통해서 해외 주식형 펀드, 채권 펀드, 원자재 펀드 등 다양한 펀드를 검색할 수 있고 해당 펀드가 어떤 상품, 어떤 종목에 투자하는지도 살펴볼 수 있다. 이 같은 정보를 잘 활용한다면 기업을 분석하는 시간을 절약

그림 1-12 상승장의 자금 흐름

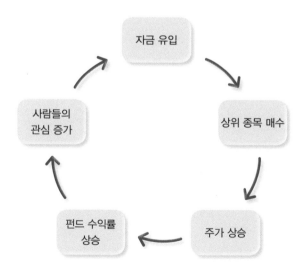

할 수 있고 하락 리스크를 어느 정도 감소시킬 수 있기 때문에 수익률 향상에 도움이 될 것이다.

특히, 벤치마킹 전략은 상승장이 왔을 때 유용하게 사용할 수 있다. 상승장에서는 많은 사람들이 주식에 관심을 가지게 되고 펀드 상품에도 많은 자금이 유입되는데, 수익률이 좋은 펀드일수록 많은 자금이 유입되는 경향을 보인다. 펀드에 자금이 유입되면 펀드매니저는 종목 비중 조절을 위해 펀드 포트폴리오 구성 상위 종목에 대한 매수를 이어가게 되며 이에 따라 주가는 지속적으로 상승하게 된다. 상승장에서는 이런 현상([그림 1-12] 참조)이 반복적으로 나타나면서 수익률이 더 높아진다. 벤치마킹 전략은 상승장에서 더 유용하게 사용할 수 있는 투자 방법이다.

시간을 절약하는 가치 투자 방법: HTS 종목 검색

저평가된 종목을 매수하는 것, 기업의 본질 가치가 주가에 반영되지 않았을 때 주식을 매수하고 주가가 올랐을 때 매도하는 것은 모든 투자자들이 바라는 일이다. 투자자들은 이를 위해 많은 노력을 기울이고 있는데, 위대한 투자자라고 불리는 이들도 예외는 아니다.

피터 린치와 같은 투자자들은 자신의 커리어가 절정에 이르렀을 때, 혹은 은퇴 후에 자신이 투자에 성공할 수 있었던 비결이나 자신이 사용한 원칙(비법) 등을 책이나 강연, 인터뷰를 통해서 공개하곤 한다. 물론, 대중에게 알려진 '위대한 투자자들의 비법'이 항상 수익을 안겨주는 것은 아니다. 그 이유는 '투자 비법'이 잘못되어서가 아니라 대중에게 많이 알려질수록 정보의 가치가 떨어지고 이에 따라 기대수익률도 낮아지기 때문이다. 따라서 일반 투자자들은 위대한 투자자들의 비법을 무조건 추종할 것이 아니라 그들의 이야기를 참고하고 이를 응용하여 새로운 방법을 시장에서 적용해보는 시도를 끊임없이 해야 한다. 그렇다면 어떻게 기준을 세우고, 어떻게 기준에 부합하는 종목을 찾을 수 있을까? 해답은 주식투자 프로그램인 증권사 HTS(Home Trading System)에 있다.

요즘은 대다수 사람들이 모바일용 증권사 주식 거래 프로그램인 MTS를 이용하기 때문에 MTS에도 다양한 기능들이 추가되고 있다. 하지만 아무리 MTS가 진화한다고 해도 기능적인 면에서는 PC에서 사용하는 프로그램인 HTS를 따라갈 수 없다. 주식투자를 하는 사람이라면 반드시 PC에 증권사 HTS를 설치하고 이를 활용할 줄 알아야 한다(HTS는 계좌개설 후 증권사 홈페이지에서 다운받아 설치하면 된다).

조건 검색은 투자 종목 찾아주는 마법사_____

HTS의 '조건 검색' 기능을 활용한다면 저평가된 종목을 비교적 손쉽게 찾아 미리 매수하여 좋은 투자 성과로 이어지는 기회를 만들 수 있다. 거래는 수수료가 없는 MTS에서 하되 PC에 HTS를 설치하고 다양한 기능을 활용하면 좋다. 아래에서 설명하는 방법대로 따라하면서 '조건 검색' 사용법을 익히기 바란다.

설명에서 사용하고 있는 HTS는 키움증권의 '영웅문4'이다. 다른 증권사의 HTS에서도 동일한 기능을 제공하고 있기 때문에 따라하는 데 어려움은 없을 것이다. 이 부분은 HTS를 직접 보면서 따라 해야 이해가 가능하다. 아직 HTS를 설치하지 않았다면 준비가 된 후에 다시 읽기 바란다.

마젤란펀드 운용을 통해 연평균 수익률 약 29%를 기록하면서 월가의

표 1-1 피터 린치의 성장주 공식 응용

(1)	주당순이익(EPS) 성장률 YoY 20% 초과
(2)	PEG 0.5 이하 ※ PEG = 주가수익비율(PER)/ EPS 성장률
(3)	부채 비율 100% 이하
(4)	PBR 2배 이하

전설로 자리매김한 피터 린치는 여러 가지 방법을 활용하여 펀드의 성과를 높였다고 한다. 이 장에서는 피터 린치의 비법 중 하나인 성장주 공식을 활용하여 국내 주식시장에서 조건에 부합하는 종목을 찾아보았다. 추가로 기업의 안정성을 고려하여 부채 비율은 100% 이하, 아직 덜 상승한 종목을 찾아내기 위한 방법으로 주가순자산비율(PBR) 2배 이하라는 조건을 적용하였다.

그림 1-13

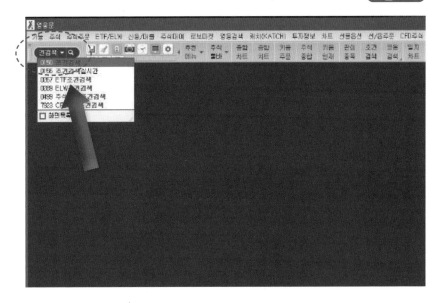

앞 [그림 1-13] HTS의 좌측 상단에 메뉴 검색창 탭이 있다. 검색 창에 '조건 검색(0150)'을 입력한다. 일부 증권사는 해당 메뉴를 '종목 검색'으로 해 놓는 경우도 있다.

그림 1-14

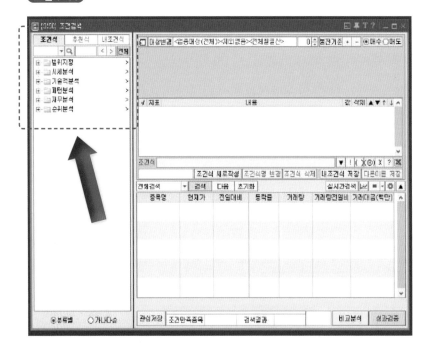

[그림 1-14] 조건 검색 창의 좌측에 '조건식'이 있다. 이곳에는 다양한 조건식이 있는데 여기에서는 앞의 [표 1-1] '피터 린치의 성장주 공식 응용'을 활용하기 위해 '재무분석'의 하위 항목인 주가지표, 성장성 분석, 안정성 분석에서 각각 PBR, PEG, EPS증감률, 부채비율을 입력하겠다.

그림 1-15

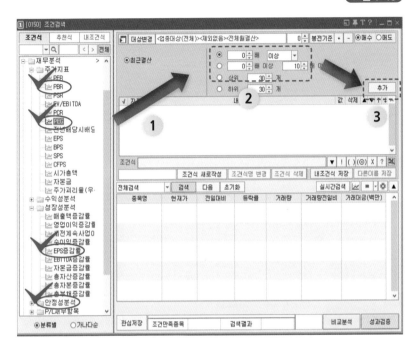

[그림 1-15]에서 보는 것처럼 해당 항목을 클릭(①)하면 수치를 입력하는 항목이 활성화(②)된다. 각자 원하는 수치를 입력할 수 있으며, 여기에서는 앞서 언급한 대로 아래와 같은 수치로 조절한다.

1) EPS YoY 20% 이상 상승

2) PEG 0.5 이하

3) 부채 비율 100% 이하

4) PBR 2 이하

수치 입력(②)을 한 뒤, 추가 버튼(③)을 누르면 해당 조건이 아래쪽에 추가된다.

그림 1-16

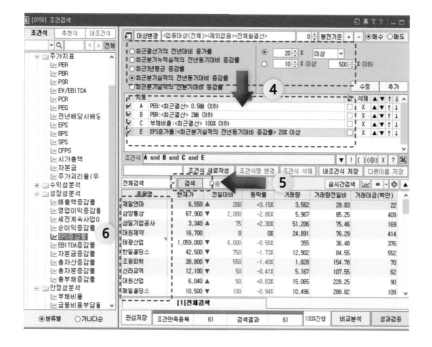

[그림 1-16]에서 수치 입력을 완료하면 수치 입력 부분 아래쪽에 조건 식이 나타난다(④). 해당 조건식을 삭제하거나 비활성화할 수도 있고, 적용 우선순위를 변경할 수도 있다.

조건식 입력을 마친 후, 가운데의 검색 버튼(⑤)을 누르면, 아래쪽에 조건에 해당하는 종목이 뜬다. 이들 종목을 하나씩 클릭하면서 차트를 확인해볼 수 있다.

검색 예시 중에서 2개 종목을 확인해보면 [그림 1-17], [그림 1-18]과 같은 결과를 확인할 수 있다. 첫 번째 차트는 [그림 1-16]의 결과 목록 두 번째에 위치한 삼양통상이며, 두 번째 차트는 목록에서 네 번째에 위치

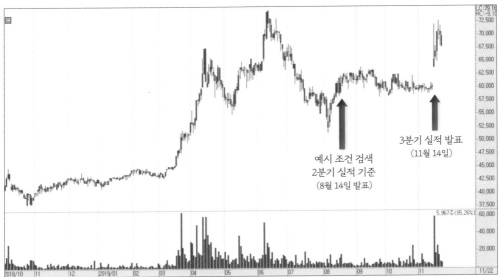

그림 1-17 삼양통상 주가 일봉 차트

예시 조건 검색
2분기 실적 기준
(8월 14일 발표)

3분기 실적 발표
(11월 14일)

출처: 키움증권 '영웅문 4'

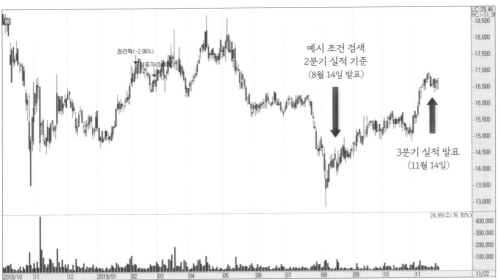

그림 1-18 대원제약 주가 일봉 차트

예시 조건 검색
2분기 실적 기준
(8월 14일 발표)

3분기 실적 발표
(11월 14일)

권리락(-2.86%)

출처: 키움증권 '영웅문 4'

한 대원제약 차트이다. 검색 결과로 나온 해당 종목 목록의 순서에 특별한 의미는 없다.

조건 검색을 이용하면 실적과 성장성이 좋은 종목 중에서 주가가 많이 오르지 않은 종목(저평가된 종목)을 찾아낼 수 있다는 장점이 있다. 저평가된 종목들 중에서는 유동성이 적어서 주가 흐름이 지지부진한 경우가 있기도 한데, 이럴 경우 투자자 입장에서는 답답한 마음이 들 수도 있다. 하지만 다음 실적 발표 시즌에 어닝서프라이즈 소식과 함께 높은 성장성을 유지하고 있다는 것이 세간에 알려지면서 주가가 순식간에 급등하는 모습을 보여주기도 한다.

조건 검색의 유일한 단점은 HTS에 기업의 실적 수치가 반영되는 시점과 기업의 실적 발표가 이루어지는 시점 사이에 시차가 존재한다는 점이다. 그렇기 때문에 HTS 조건 검색을 이용해서 1차적으로 종목 리스트를 추려낸 다음, 엑셀 프로그램 등을 이용해서 수식을 만들어 놓고 해당 기업이 실적 발표를 하는 즉시 수치를 입력하고 성장성 여부를 확인하면서 매수/매도 여부를 결정하는 것도 하나의 전략이 될 수 있다. HTS 조건 검색을 활용해서 간단하게 종목을 찾아낼 수는 있지만, 해당 종목을 관리하면서 기민하게 시장 흐름에 대응하는 데는 약간의 노력이 필요하다.

HTS 조건 검색 기능은 위대한 투자자들의 비법을 직접 적용해보고 해당 조건에 부합하는 종목을 찾아볼 수 있다는 장점이 있다. 부지런한 투자자라면 여기에서 한 발 더 나아가 위대한 투자자들의 비법을 응용하여 자신만의 비법을 만들고 이를 통해 수익을 올릴 수도 있다는 점이 조건 검색의 큰 매력이다. 또한 HTS를 통해서 조건식을 저장해두면 모바일 MTS에서도 해당 조건에 맞는 종목을 수시로 검색할 수 있다. MTS에서 조건식 설정을 할 수는 없지만 HTS에서 설정해둔 조건식을 바탕으로 MTS에서 간편하게 조건에 맞는 종목을 찾아내고 분석해볼 수 있다.

사람들은 위대한 투자자들이 수익률을 높이는 데 어떤 비법을 사용하는지 궁금해한다. 워렌 버핏이 어떤 기준을 가지고 주식을 매수하고 매도하는지는 명확히 알려지지 않았지만 사람들은 그의 공개 포트폴리오를 통해 여러 가지 추측을 하면서 그의 투자 방식을 모방하려 애쓴다. 짐 시몬스가 이끄는 헤지펀드 르네상스테크놀로지는 자신들의 비법을 철저히 비밀에 붙이고 있는 것으로 유명하다. 르네상스테크놀로지의 메달리온 펀드는 1988년부터 2018년까지 연평균 66%라는 놀라운 수익률을 기록했다. 짐 시몬스는 인류 최고의 투자자로 불리고 있는데, 그의 투자 비법이 철저히 비밀에 붙여지고 있기 때문에 연평균 66%라는 놀라운 성과를 낼 수 있다는 평가도 있다.

무에서 유를 창조해내기란 쉬운 일이 아니기 때문에 굳이 무에서 유를 창조해낼 필요는 없다. 많은 혁신적 제품들이 기존의 제품을 바탕으로 탄생했다는 점을 생각해본다면, 개인 투자자들은 위대한 투자자들의 방법을 응용하여 자신만의 새로운 방법을 만드는 것으로 충분하다. 시장보다 높은 수익률을 내기 위해서는 '자신만의 비법'이 필요한데, HTS 조건검색은 그것을 실현해줄 수 있는 매우 유용한 도구라고 할 수 있다.

6개월만 기다리면 수익이 두 배:
계절 순환의 법칙

한국 주식시장에는 여러 가지 흥미로운 테마주가 있다. 테마주라는 말 속에는 '급등'을 바라는 사람들의 심리가 녹아 있고, 이런 바람이 주가에 반영되기 때문에 실제 주가 흐름도 변동성이 크다. 따라서 테마주로 분류된 종목에 대한 투자는 큰 리스크를 짊어져야 한다는 점에서 신중해야 할 필요가 있다. 하지만 일부 테마주에는 반복되는 패턴이 있으므로 이를 잘 이용하면 수익률을 높일 수 있는 좋은 기회를 얻을 수도 있다.

우리나라는 사계절이 뚜렷한 나라이다. 유라시아 대륙 동안에 위치하고 있기에 여름은 매우 덥고 습하며, 겨울은 춥고 건조한 날씨를 보여준다. 또한 봄부터 초여름 사이에는 고비사막의 흙먼지가 편서풍을 타고 날아오기도 한다. 그래서 한국의 주식시장에는 계절과 관련된 테마주들이 있다. 계절적 특성과 관련된 테마주가 형성되는 이유는 계절의 변화에 따라 특정 계절에 매출이 증가하거나 줄어드는 기업들이 있기 때문이고, 이들 기업들이 중심이 되어 계절 테마주를 형성한다.

계절과 관련해서 여러 가지 테마주가 형성되어 있지만 그중에서도 대표적인 것은 '여름 테마주'이다. 몇몇 종목의 주가가 여름이라는 계절적 특성과 연관되어 움직인다는 특징이 있기 때문에 붙여진 이름이다. 여름 테마주의 한 예로 선풍기를 만드는 기업으로 잘 알려진 신일산업이 있다. 신일산업의 주가 차트를 통해 주가 흐름이 계절적 특성과 어떤 상관관계가 있는지 확인해보면 흥미로운 사실을 발견할 수 있다.

일반적으로, 여름 테마주는 여름에 가장 높은 매출을 올리니까(선풍기가 많이 팔리기 때문에) 여름이 되면 주가가 크게 오를 것이라고 생각할 수 있다. 기업의 매출이 올라가면 자연스럽게 영업이익도 증가한다고 생각할 수 있고, 이에 대한 기대감으로 주가 상승도 수반될 것이라는 게 일반적인 생각이다. 하지만 신일산업의 과거 주가 흐름을 보면 일반적인 생각과는 약간 다른 주가 흐름을 보여준다는 것을 확인할 수 있다.

[그림 1-19] 차트는 신일산업의 2015년 2월~2019년 11월까지의 주봉 차트이다. 필자가 임의로 각 연도의 고점과 저점 반등 부근에 각각 붉은색 화살표(고점)와 파란색 화살표(저점 반등 지점)를 표시해두었다. 흥미로운 점은 주가의 고점이 대부분 5월이라는 것이고, 주가가 하락한 이후 저점을 찍고 반등하는 시기가 11월~1월 사이라는 점이다. 그리고 매출이 제일 높을 것이라고 생각되는 여름(6~8월) 동안에는 대체로 주가가 가파른 속도로 하락하는 모습을 보여주었다.

여름 테마주의 대표로 불리는 신일산업의 주가는 여름에 내리막길을 걸으면서 많은 투자자를 절망에 빠트렸다. 대다수의 사람들은 여름 테마주라고 해서 여름이 시작될 무렵 주가가 한창 오르고 있을 때 무작정 매

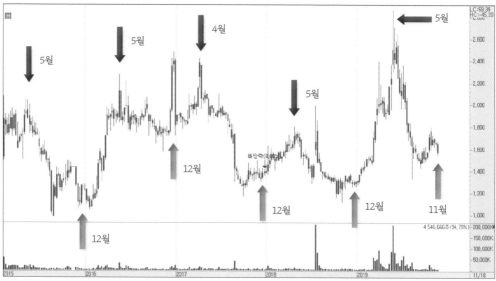

그림 1-19 신일산업 주봉 차트(2015년~2019년)

출처: 키움증권 '영웅문 4'

표 1-2 신일산업 주가 고점/저점 시기

연도	2015년	2016년	2017년	2018년	2019년
최고점	5월	5월	4월	5월, 7월	5월
최저점	8월	11월	9월	10월	8월

수했다가 큰 손실을 입고 가을에 손절매하고 나왔을 가능성이 높다. 여름에 한몫 챙기려다가 주가 하락만 경험했을 것이고, 여름이 끝나고 가을에 접어들 무렵이면 상승에 대한 기대감마저 사라지기 때문에 손절매하고 떠났을 것이다. 타이밍을 완전히 잘못 잡은 결과는 참혹하다.

[그림 1-19]를 통해 살펴보면 주가가 오르기 시작하는 시점이 찬바람이 매섭게 몰아치는 겨울이라는 점에 주목할 필요가 있다. 2015년 12월

과 2016년 1월경에 저점을 형성한 주가는 2016년에는 1월부터 본격적인 상승을 시작했다. 마찬가지로 2016년 12월부터 주가는 본격적으로 오르기 시작했고, 이듬해 5월에 고점을 찍고 하락하였다. 특히, 본격적인 여름이 시작된 7월 중순 이후에는 주가가 큰 폭으로 하락한 모습을 확인할 수 있다. 그러다가 2017년 9월 말~10월 초 바닥을 다지고 상승하기 시작해서 2018년 5월 고점을 찍고 한 차례 하락했다. 7월에 잠시 급등했지만 주가는 이내 큰 폭으로 하락하면서 10월까지 떨어졌다.

여름 테마주로 불리는 종목이지만 정작 여름에는 주가가 급락했다. 오히려 겨울부터 상승하기 시작해서 봄에 큰 폭으로 올랐다는 점에 주목해야 한다. 겨울에 씨를 뿌리고 한여름 무더위가 오기 전에 수확해야 했던 종목이 바로 신일산업이다.

과연 신일산업만 이런 패턴을 보이는 것일까?

봄철 야외활동을 하러 나가기 전에 꼭 확인하는 것, 바로 황사/미세먼지 수치이다. 우리는 매년 미세먼지가 심해지고 있다는 소식을 심심찮게 접하며 살고 있고, 정부에서도 미세먼지를 감축하기 위한 여러 가지 노력을 하고 있다. 사회적 관심이 큰 만큼 주식시장에는 이와 관련된 테마주가 형성되어 있다. 미세먼지 테마주는 공기청정기, 필터, 마스크, 저감 기술 등 분야별로 여러 종목이 있다. 그중에서 공기청정기를 만드는 회사인 위닉스의 주가 차트를 살펴보자.

다음 [그림 1-20] 차트는 위닉스의 주봉 차트이다. 지난 2015년 말부터 2019년 초까지 고점이 형성되는 지점은 붉은색 화살표, 저점을 찍고 본격적인 상승을 시작하는 지점은 파란색 화살표로 표시해보았다. 저점이 형성되고 본격적인 상승이 일어나는 시점을 살펴보면 대략 12월임을

그림 1-20 위닉스 주봉 차트(2015년~2019년)

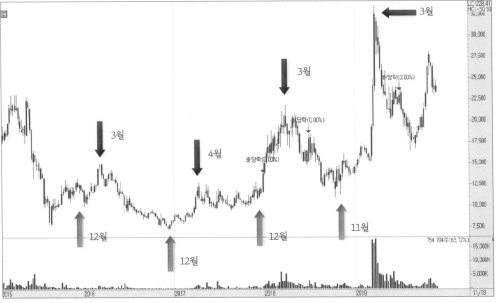

출처: 키움증권 '영웅문 4'

확인할 수 있다. 12월부터 주가는 상승하기 시작해서 3월경에 고점을 찍고 하락하는 모습을 보여준다. 3월 이후 여름과 가을에는 지속적으로 하락하면서 바닥을 다지고 있다.

만약 미세먼지 관련주에 투자하려고 한다면 황사와 미세먼지가 절정에 이르는 3~4월에 관심을 가질 것이 아니라 최소한 3~4개월 전, 겨울에 미리 주식을 매수한 다음 봄철 황사와 미세먼지가 절정에 이르면서 사람들의 관심이 높아질 때 매도하고 나오는 것이 성공적인 투자 방법이 될 수 있다.

실제로 미세먼지와 관련된 뉴스가 언론에 노출되는 빈도수를 확인해보면([그림 1-21]), 2016년과 2017년에는 5월에 가장 높은 노출 빈도를

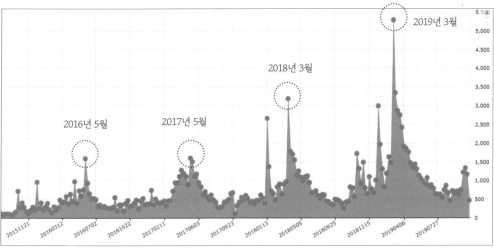

그림 1-21 미세먼지 관련 뉴스의 언론 노출 횟수(2015년~2019년)(주간 기준)

출처: 한국언론진흥재단 빅카인즈(www.bigkinds.co.kr)

보였고, 2018년과 2019년에는 3월에 급격하게 노출 횟수가 많아진 뒤에 4월과 5월에도 꾸준히 뉴스 노출 횟수가 많았음을 알 수 있다(그래프 면적이 1월, 2월보다 4월, 5월이 더 넓다는 것은 노출 빈도가 더 많았다는 의미). 언론 노출 횟수가 많은 것은 그만큼 사람들의 관심이 높다는 것인데, 사람들의 관심이 절정에 이르기 전까지 미세먼지 관련주의 주가가 꾸준히 올랐다는 것을 확인할 수 있다. 그리고 관심이 절정에 다다른 이후에 오히려 주가는 떨어졌다.

이처럼 계절 순환주는 해당 테마의 소재가 절정에 이르기 전에 빠져나오면 큰 수익을 올릴 수 있음을 알 수 있다. 여름 테마주인 신일산업의 경우에는 여름 더위가 시작되기 전인 5월에 주가가 절정에 다다랐음을 확인할 수 있고, 미세먼지 관련주로 분류되는 위닉스 역시 미세먼지와 황사가 극성을 부리는 봄(3~5월)이 오기 전에 주가가 고점에 도달했음을 알 수 있다. 온 나라가 미세먼지로 떠들썩할 때 관련 테마주에 관심 가져 봐야 이미 그때는 주가가 어느 정도 오른 이후이고, 뒤늦게 투자하려고 해봐야 큰 수익을 내기 힘들다는 사실을 보여주는 대목이다.

투자 시장의 격언 중에는 다음과 같은 말이 있다.

"싸게 사서 비싸게 팔아라."

투자자 입장에서 싸게 사서 비싸게 파는 것만큼 좋은 투자 방법은 없다. 순환 테마주는 보통 이벤트 날짜가 정해져 있고 사람들의 관심이 절정에 이르는 시기가 비교적 명확하다. 그렇기 때문에 수익을 내기 위해서는 '절정의 시기'보다 몇 개월 앞서 준비한다면 마음 편하게 매수해서 비싸게 팔 수 있는 기회를 누릴 수 있다.

현명한 투자자라면 미리 가서 기다리고 박수 칠 때 떠나야 한다는 점을 명심하자.

차트에서 매수/매도
신호를 읽는 방법

장기적인 관점에서 주가는 기업의 가치, 실적에 수렴한다. 주식 매매를 하는 데 있어서 기본적으로 고려해야 할 사항은 해당 기업의 실적과 성장성 등 기업의 가치와 관련된 것이다. 하지만 주가 차트에 나타나는 움직임 역시 무시하지 못할 하나의 요소로 자리 잡고 있다. 주가가 언제나 기업 가치를 온전히 반영하고 있는 것은 아니며, 오히려 비합리적으로 움직이는 경우가 더 많기 때문에 비합리적인 가격과 합리적인 가격이 만들어내는 차이에서 수익을 내기 위해서는 차트를 활용한 여러 가지 기술적 분석을 습득할 필요가 있다.

주식시장에서의 고민은 크게 두 가지로 요약된다. 하나는 '언제 매수해야 하는가'이고, 다른 하나는 '언제 매도해야 하는가'이다.

'싸게 사서 비싸게 팔아라'라는 시장의 격언을 실천하는 것이 가장 좋지만 과연 주가가 언제 쌀 때이고, 언제 비쌀 때인지 파악하기란 말처럼 쉬운 일이 아니다. 주식을 매도할 때는 높은 가격에 수익을 보고 팔면 좋지만, 손해를 보고 있을 때는 지금 시점이 '손절매'를 해야 하는 시점인지, 조금 더 버티면서 반등을 기대해도 좋은 위치인지를 가늠하지 못할 때가 많다. 더욱이 적절한 판단을 내리지 못해서 오히려 더 큰 손해를 보기도 한다. 이런 경우 차트에서 나타나는 상황을 참고하여 투자 판단에 활용한다면 수익은 올리고 손실은 줄일 수 있다.

박스권 매매로 매수하고 매도하기

박스권 매매는 차트를 이용한 매매법 중에서 가장 단순하면서도 승률이 높은 매매 전략 중 하나이다. 박스권 매매는 일정 기간 동안의 고점을 이은 선과 저점을 이은 선을 기준으로 박스권을 설정해놓고, 박스권의 하단 부근에서 매수하고 박스권의 상단 부근에서 매도하는 전략이다. 특정 몇 개의 종목을 매매하면서 상단 매도/하단 매수라는 기계적인 매매만 반복하면 된다는 것이 박스권 매매의 특징이다. 그런데 간혹 박스권

그림 1-22 박스권 매매 개념도

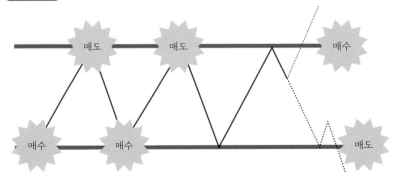

상단을 상향 돌파하여 추가 상승으로 이어지는 경우가 있고, 박스권 하단을 하향 돌파하여 낙폭을 키우는 경우가 있는데, 이러한 상황을 눈여겨봐야 한다.

차트 예시를 통해서 어떻게 해야 무릎에서 안전하게 매수하여 수익을 누릴 수 있는지, 언제 반드시 매도해야 손실을 최소화할 수 있는지에 대해 살펴보도록 하자.

[그림 1-23] 차트는 제약/바이오 업종의 대장주인 셀트리온의 2016년 1월부터 2017년 9월까지의 주가 일봉 차트이다. 당시 셀트리온의 주가는 1년 9개월가량 박스권 흐름을 보여주었다. [그림 1-23]에서 볼 수 있듯이 박스권 상단 부분 고점을 돌파하지 못하고 주가가 몇 차례 하락하였으며, 하락 시에는 전 저점 부근에서 저점을 형성하며 반등하는 모습

그림 1-23 셀트리온 주가 일봉 차트(2016년 1월~2017년 9월)

출처: 키움증권 '영웅문 4'

을 보여왔다. 그러다 2017년 7월부터 9월 사이에 박스권 상단 부근에서 거래량이 증가하기 시작했으며, 각종 호재와 미래에 대한 장밋빛 전망이 연이어 나오면서 주가는 박스권을 뚫고 상승하는 모습을 보여주었다.

오랜 시간 박스권 흐름을 보여왔던 종목일수록 박스권 상단을 돌파하는 것이 쉽지 않고, 돌파를 앞둔 시점에도 매물 소화를 하는 데 비교적 시간이 오래 걸린다. 셀트리온의 경우에는 박스권 상단 부근에서 매물 소화를 하는 데만 3개월가량의 시간이 소요되었다는 점을 확인할 수 있다. 하지만 아래 [그림 1-24]와 같이 장기간 지속되었던 박스권을 상향 돌파하게 된다면 주가는 상승 탄력을 강하게 받으면서 추가 상승을 하는 경우를 자주 목격할 수 있다. 이런 흐름은 셀트리온뿐만 아니라 다른 종목에서도 쉽게 관찰할 수 있다.

그림 1-24 셀트리온 주가 일봉 차트(2016년 7월~2018년 3월)

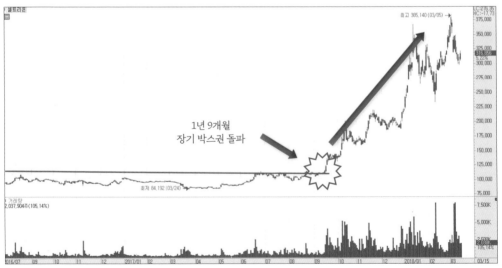

출처: 키움증권 '영웅문 4'

그림 1-25 케이엠더블유 주가 일봉 차트(2017년 11월~2019년 4월)

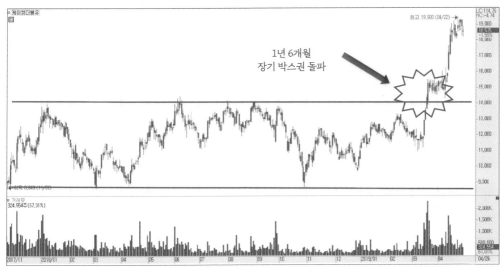

1년 6개월
장기 박스권 돌파

출처: 키움증권 '영웅문 4'

그림 1-26 케이엠더블유 주가 일봉차트(2018년 4월~2019년 9월)

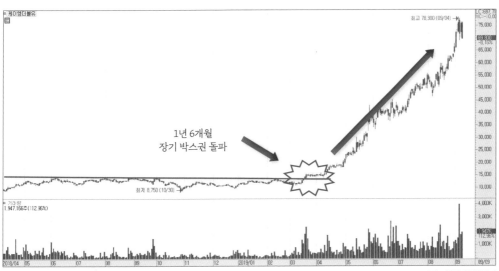

1년 6개월
장기 박스권 돌파

출처: 키움증권 '영웅문 4'

5G 통신 테마주 대장으로 불린 케이엠더블유 역시 2019년 4월, 본격적인 주가 상승이 있기 전 2017년 말부터 약 1년 6개월 동안 장기 박스권 흐름을 보여왔다. 그러다가 2019년 3월 박스권 상단 돌파가 이루어졌고, 약 한 달가량 상단 부근 매물을 소화한 뒤에 가파른 상승세를 이어갔다. 앞 [그림 1-26]에서 확인할 수 있듯이 케이엠더블유의 주가는 박스권 상단 돌파 후 6개월 동안 5배 넘게 상승하였다.

박스권을 돌파하는 종목은 대체로 강한 상승을 보여주는 경우가 많다. 특히, 박스권 흐름이 오래 지속되었던 종목일수록 박스권 상단 돌파 후 상승세가 더욱 강하게 나타나는 경향이 있다. 마치 오랜 기간 땅 속에서 가스를 머금고 있던 화산이 강한 폭발을 일으키듯이, 주가 역시 억눌린 기간이 길수록 강한 상승세를 보여주면서 한풀이를 한다.

앞선 사례를 통해 비교적 안전하게 매수 타이밍을 잡으면서 큰 수익을 올릴 수 있는 방법 중 하나가 박스권 상단을 돌파할 때 매수하는 것임을 확인할 수 있다. 발목이 아닌 무릎에서 주식을 사는 것이라 할 수 있지만, 비교적 하락 위험이 낮고 상승 탄력을 받으면 강한 상승을 보여줄 가능성이 높다는 점에서 매력적인 매매 방법이다.

물론, 박스권 상단 돌파 후 쏟아지는 매물을 감당하지 못하고 주가가 다시 박스권 아래로 내려온다면 매도(손절매)한 뒤, 다시 상승하기를 기다리는 편이 현명한 선택이 될 수 있다는 점도 염두에 두어야 한다.

박스권 매매 패턴에는 강한 상승 흐름도 있지만 이와 반대로 강한 하락 흐름을 보여주는 경우도 있다. 주가가 박스권 하단에 위치하고 있을 때는 기본적으로 매수 포지션을 취하는 것이 정석이지만, 매수 이후 주

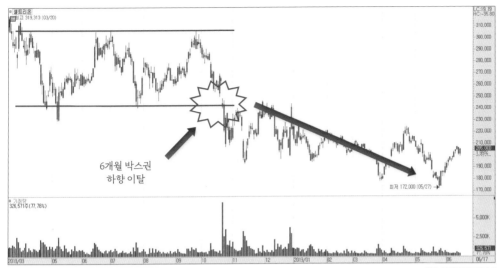

그림 1-27 셀트리온 주가 일봉 차트(2018년 3월~2019년 5월)

6개월 박스권
하향 이탈

최저 172,000 (05/27)

출처: 키움증권 '영웅문 4'

가가 박스권 하단을 하향 돌파한다면 빠르게 손절매하는 것이 손실폭을 줄이는 방법이다.

[그림 1-27]은 2018년 3월부터 2019년 5월까지 셀트리온 주가 일봉 차트이다. 셀트리온은 2017년 9월부터 강한 상승세를 보여주면서 시장의 주목을 받았지만 2018년 2월 최고점인 38만 원을 찍고 하락하기 시작했다. 2018년 4월부터 10월까지 약 6개월 정도 박스권 흐름을 보여주었는데, 위 차트에서 확인할 수 있듯이 박스권 상단을 돌파하지 못하고 오히려 10월에 박스권 하단을 하향 돌파하는 모습을 보여주었다.

셀트리온의 주가는 박스권을 하향 돌파한 이후 하락 추세가 굳어졌고 주가 하락세는 2019년 8월까지 이어지면서 최저점인 13만 7,500원을 기록하기도 했다. 2019년 8월의 주가는 고점인 38만 원과 비교했을 때

1/3 수준으로 하락했으며, 위 차트의 박스권 하단 하향 돌파 시기 주가 수준의 절반에 불과하다(-50%).

박스권 상단 돌파가 강한 상승세로 이어지는 경우를 자주 목격할 수 있는 것처럼 박스권 하단을 하향 돌파한 주식이 하락 추세로 접어들면서 주가가 반 토막 이상 나는 경우 역시 흔히 목격할 수 있다.

아래 [그림 1-28] 차트는 하나투어의 주가 일봉 차트이다. 하나투어의 주가는 2017년 6월부터 서서히 상승하기 시작하면서 상승 추세 박스권의 흐름을 보여주었다. 하지만 2018년 5월 주가가 큰 폭으로 하락하면서 박스권의 하단을 깨고 내려왔고 그 이후 주가는 큰 폭으로 하락했다.

하나투어의 사례에서 주목해야 하는 것은 주가가 박스권 상단을 뚫고 올라섰다가 다시 하락 전환하면서 박스권 아래쪽으로 되돌아간다면 빠르

그림 1-28 하나투어 주가 일봉 차트(2017년 6월 ~ 2018년 11월)

출처: 키움증권 '영웅문 4'

게 매도하는 것이 현명한 행동이라는 점이다. 그리고 박스권 하단 지지선을 깨고 내려가면서 거래량이 수반된 장대 음봉이 출현한다는 것은 큰 폭의 하락이 지속될 것임을 암시한다는 점도 꼭 기억해야 한다.

하나투어의 주가는 2018년 4월 고점인 12만 8천 원을 찍고 하락하기 시작했고, 2019년 8월에는 최저점인 3만 9천 원을 기록하는 등 큰 폭의 하락을 보여주었다. 이는 박스권 하단의 지지선이 하향 돌파당하는 것이 얼마나 무서운지를 잘 보여주고 있는 사례이다.

주가가 박스권을 뚫고 강한 상승을 보여주거나 박스권 하단이 무너지면서 강한 하락세를 보여주는 데는 각각의 이유가 있다. 상승하는 경우는 향후 실적 향상에 대한 기대감이 있거나 업황이 좋아질 것이라는 기대감이 있고, 실제로 실적이 좋게 나오는 경우가 많다. 즉, 미래 전망이 밝다는 이야기가 나오면서 주가 상승이 탄력을 받는다. 이런 이야기들은 신문이나 증권사 리포트 등을 통해서 확인할 수 있고, 개별 기업 공시자료나 보도자료 등을 통해서도 확인할 수 있다.

반면, 주가가 하락하는 데는 업황의 부진, 대내외적인 악재로 인한 실적 하락이 수반되는 경우가 많다. 또한 장기적으로 사업 전망이 좋지 않거나, 시장의 기대치에 못 미치는 실적, 향후 실적 감소폭이 커질 것이라는 우려스러운 소식들이 전해지기 마련이다. 따라서 주가가 박스권을 하향 돌파할 때는 개인 투자자들이 모르는 '악재'가 어딘가에 숨어 있다는 것을 의미하므로 일단 빠른 손절매를 통해서 손실을 최소화하는 것이 바람직하다.

거침없이 오르는 주가,
언제 매도하면 좋을까?

　주식이든 부동산이든 투자에서 가장 중요한 것은 '매도'를 잘하는 것이다. 투자는 수익을 추구하는 활동이고 매도 타이밍에 따라 이익과 손실 여부가 결정되며 수익의 크기가 달라지기 때문에 매도만큼 중요한 것은 없다. 매수는 언제든지 할 수 있지만 매도는 아무 때나 할 수 없으므로 우리는 언제 팔아야 하는지에 대한 고민을 하게 된다.

매도 시점, 어떻게 잡아야 할까?_____

　매도의 명확한 기준을 정하는 것은 말처럼 쉽지 않다. 가장 현명한 방법은 자기 자신만의 기준을 세워두고 감정을 배제한 채 해당 기준에 부합할 때 기계적으로 매도하는 것이다. 성공적인 매도의 기준을 정하기 위해 이 책에서는 도움이 될 만한 두 가지 방법을 소개해보겠다. 매매의 기준과 방법은 시장의 상황과 자신의 목표 수익, 감당할 수 있는 손실금액에 따라 다양하다. 절대적인 기준과 방법은 없다. 기준을 세우고 방법을 정하려면 다양한 공부가 선행되어야 하며 실전 매매를 통해 스스로 경험을 축적해야 한다.

차트를 통해 매도 타이밍을 잡는 방법 _____

주가 차트는 매수자와 매도자가 벌인 전쟁의 흔적이다. 황소와 곰의 치열한 전쟁의 흔적이 차트로 표현된 것이라 할 수 있다. 주가 차트에서는 여러 가지 매매 신호를 읽어낼 수 있는데, 그중 하나가 바로 앞서 살펴본 '차트에서 매수/매도 신호를 읽는 방법'이다. 이번에는 고공 행진을 이어가던 주가가 꼭지에 다다랐다는 신호를 보내면서 추세 전환할 가능성이 높다는 것을 알려주는 예로

① '윗 꼬리가 긴 양봉/음봉의 출현'

② '고점에서 장대 양봉 출현 이후 다음날 거래량을 수반한 장대 음봉의 출현'에 대해서 살펴보겠다.

다음 [그림 1-29] 차트는 크린앤사이언스의 2019년 3월 전후 주가 일봉 차트이다. 1월부터 서서히 오르던 주가는 3월 초부터 급등했으며, 3월 말에 최고점을 찍은 뒤 하락하기 시작했다. 최고점을 찍은 날 윗꼬리가 길게 달린 양봉이 출현했고, 그 이후 주가는 오랜 기간 하락하는 모습을 보여주었다.

다음 [그림 1-30] 차트는 5G 통신 테마주로 분류되는 RFHIC의 2019년 5월 전후 주가 일봉 차트이다. 4월에서 5월 사이 빠르게 상승하던 주

그림 1-29 크린앤사이언스 주가 일봉 차트

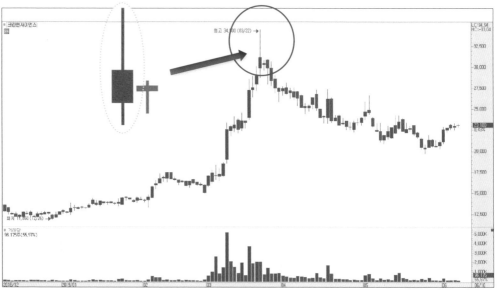

출처: 키움증권 '영웅문 4'

그림 1-30 RFHIC 주가 일봉 차트

출처: 키움증권 '영웅문 4'

가는 5월 15일 긴 윗꼬리 양봉이 출현한 후 하락하는 모습을 보여주었다. 특히, 긴 윗꼬리 양봉 이후에 장대 음봉이 출현했는데, 그 직후 주가는 급격히 하락했다. 만약 긴 윗꼬리 양봉을 보고 미리 매도했거나 다음 날 장대 음봉이 나타난 날 오후에라도 매도했다면 큰 손실을 피할 수 있었다.

아래 [그림 1-31] 차트는 앞서 살펴봤던 RFHIC의 2019년 9월 전후 주가 일봉 차트이다. 5G 테마주가 주목받으면서 RFHIC의 주가 역시 단기간에 급등했다. 주가의 정점 부근에서 윗꼬리가 길게 달린 양봉이 출현한 이후 차례로 윗꼬리가 길게 달린 음봉, 그리고 이틀 후 장대 음봉이 나타난 것을 확인할 수 있다. 그 이후 주가는 하락 추세로 전환되면서 오랜 기간 하락을 이어갔다.

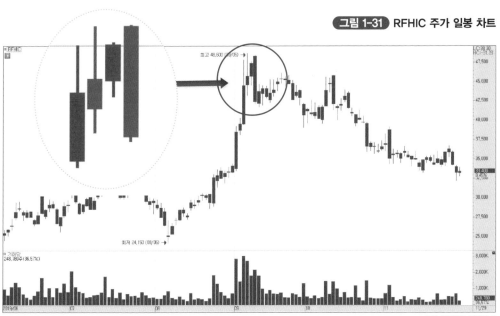

그림 1-31 RFHIC 주가 일봉 차트

출처: 키움증권 '영웅문 4'

아래 [그림 1-32] 차트는 대원의 2019년 6월 전후의 차트이다. 5월 한 달 동안 가파른 상승세를 보여주었던 대원은 5월 30일 장대 양봉이 나오면서 주가가 정점을 찍었다. 그러나 그 다음날인 5월 31일에는 전날의 양봉을 넘어서는 장대 음봉이 출현하였고, 그날을 시작으로 주가는 폭락 수준의 하락을 보여주며 순식간에 고점 대비 반 토막 수준까지 떨어졌다.

앞서 살펴본 사례들 외에 여러 종목에서 이와 비슷한 모습이 목격된다. 주가가 고공행진을 이어가다가 긴 윗꼬리가 달린 양봉/음봉이 출현한다는 것은 고점에서 차익실현에 나서는 사람들이 많다는 것을 의미한다(여기에서 사람이란 큰손 세력까지 포함하는 개념이다). 많은 사람, 특히 큰손 세력들이 고점에서 차익 실현에 나선다는 것은 추세의 전환을 의미하

그림 1-32 대원 주가 일봉 차트

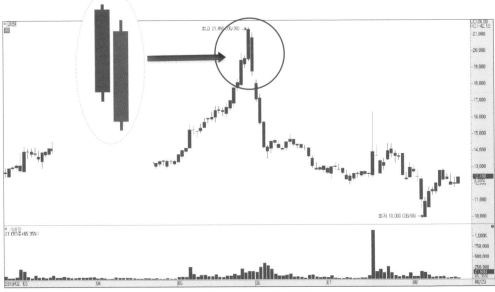

출처: 키움증권 '영웅문 4'

는 경우가 많다(이런 현상은 중소형주에서 두드러진다).

마찬가지로 고공행진을 하던 주가가 고점에서 장대 양봉이 출현한 다음날 기래량을 동반한 장대 음봉이 나타난다면 매도를 고려하는 것이 좋다. 고점에서 거래량을 동반한 장대 음봉의 출현은 대량의 차익 실현 매물이 출회한 것이라고 볼 수 있다. 하지만 대다수의 개미들은 앞서 출현한 장대 양봉을 보면서 더 높은 상승을 보여줄 것이라는 기대를 가지고 있는 상태이기 때문에 빠르게 매도(손절매)하지 못하고 하염없이 상승을 기다리면서 손실폭을 키우게 된다. 설령 수익을 내고 있는 중이더라도 매도 신호가 왔을 때 빠르게 수익을 확정 짓지 못하고 '고점 대비 얼마'가 하락했다는 생각만 하다가 결국에는 손실을 입고 매도하게 되는 실수를 범한다.

윗꼬리가 긴 양봉/음봉과 거래량을 동반한 장대 음봉의 출현은 황소와 곰의 싸움에서 곰의 힘이 더 세졌다는 것을 의미한다. 이런 이유로 주가 흐름이 하락 추세로 전환될 가능성이 높기 때문에 매매 과정에서 주의를 기울이는 것이 좋다.

실적 발표일, 매도와 보유를 결정하는 방법_____

'결국 주가는 실적에 수렴한다'는 이야기는 오랫동안 시장에서 진리처럼 받아들여지고 있다. 주가는 오르락내리락하면서 제멋대로 흘러가는 것처럼 보이지만 결국 그 흐름의 종착지는 실적에 비례한다는 말이다. 증권사에서 리포트를 통해 특정 종목의 목표 주가를 제시할 때도 대체로 '실적'과 관련하여 목표가를 산정하는 경우가 많고, 개별 기업의 주가뿐만 아니라 시장의 방향성에 대해서 이야기할 때도 미래의 경제 상황과 관련된 기업들의 실적 전망치가 방향성 예측의 큰 부분을 차지한다. 또한 전설적인 투자자, 위대한 투자자라 불리는 투자자들의 주식 매매 방법에 대한 이야기를 들어보면 기업의 이익 증가, 즉 실적에 주목하고 있다는 점을 확인할 수 있다. 투자할 때 절대 간과하지 말아야 할 원칙은 기업의 실적, 즉 투자하려는 기업이 '이익'을 얼마나 내고 있는가를 꼭 확인해야 한다는 것이다.

이익이 지속적으로 늘어나는 기업은 시장에서 꾸준히 성장하는 기업이라고 볼 수 있다. 그렇기 때문에 '이익 성장'을 주식의 매수/매도를 판단하는 하나의 기준으로 삼을 수 있다.

그렇다면 '이익 성장'의 개념을 무엇으로 정의해야 할까?

'이익'의 기준을 무엇으로 할 것인지에 관해 명확히 할 필요가 있다. 여러 매체들은 '이익'이라는 개념을 영업이익, 당기순이익, 주당순이익 등으로 혼용해서 사용하고 있다. 이 책에서는 '이익'의 개념을 PER(주가 수익 비율)와 밀접한 관련이 있는 주당순이익(EPS)으로 한정하겠다.

앞서 살펴봤던 '시간을 절약하는 가치 투자 방법: HTS 종목 검색'에서 피터 린치 성장주 공식 응용 기준을 설명한 바 있다. [표 1-1]에서 가장 중요한 요소로 EPS YoY 성장률 20%라는 기준을 제시했다. EPS YoY +20%라는 말은 전년 동기 대비 주당순이익이 20% 늘어났다는 것을 의미한다. 즉, 뗄 거 다 떼고 순수하게 남은 돈(당기순이이)을 주식 수로 나눴을 때 그 가치(가격)가 전년 대비 20% 이상 늘어났다는 의미이다. EPS라는 개념은 PER의 개념과도 연결된다는 점에서 주가를 산정하는 데 있어 중요한 요소이다(PER = 현재 주가 ÷ EPS).

EPS 성장률이 실제로 주가에 어떤 영향을 미치는지 사례를 통해 살펴보자.

아래 [표 1-3]은 네패스의 지난 2년 동안 EPS와 EPS 연간 성장률(YoY), 분기 성장률(QoQ) 그리고 실적 발표 다음날 주가(종가)를 나타낸 것인데, 실적 발표일과 EPS 성장률을 [그림 1-33] 차트에 표시해봄으로써 EPS 성장률과 주가 흐름이 어떤 관계가 있는지를 확인해볼 수 있도록 했다.

2018년 1분기(1월~3월) 실적 발표가 있었던 2018년 5월 15일, 비록 EPS YoY는 적자였지만 실적 발표 이후 네패스의 주가는 일시적으로 상승한다. 하지만 실적이 지속적으로 좋아질 것이라는 기대감이 존재하지 않은 상태이고 단기 급등에 따른 부담 때문인지 주가는 다시 하락 횡보하는 모습을 보여주었다.

주가는 2018년 3분기 실적 발표 이후 지속적으로 상승하게 되는데, 이때부터 시장은 네패스의 실적 성장에 대한 믿음을 가진 것이라고 볼 수

표 1-3 네패스 분기별 주당순이익(EPS) 및 YoY, QoQ

네패스 EPS 성장률과 주가							
기간	2018 1Q	2018 2Q	2018 3Q	2018 4Q	2019 1Q	2019 2Q	2019 3Q
실적 발표일	2018.5.15.	2018.8.14.	2018.11.14.	2019.4.1.	2019.5.15.	2019.8.14.	2019.11.14.
EPS	-42	638	430	1282	277	399	467
YoY	적자전환	+700%	+159%	+6647%	흑자전환	-37%	+8%
QoQ	적자전환	흑자전환	-33%	+198%	-79%	+44%	+17%
실적 발표 익일 주가	8,150	12,400	10,300	16,250	25,500	27,400	24,500

그림 1-33 네패스 주가 일봉 차트(2018년 3월~2019년 11월)

출처: 키움증권 '영웅문 4'

있다. 만약 EPS YoY 성장률 +20%라는 기준을 네패스에 적용하여 매매에 임했다면, 2018년 2분기 실적 발표가 난 8월 15일 이후 네패스 주식을 매수했을 것이고 2018년 3분기와 4분기, 2019년 1분기 실적 발표가 날 때까지도 YoY +20% 이상이 유지되고 있기 때문에 원칙에 따라 믿음을 가지고 보유할 수 있다. 그리고 2019년 8월 15일, 2019년 2분기 실적 발표에서 EPS YoY가 −37%로 성장률이 마이너스가 된 것을 확인한 이후에 매도했다면 1년 동안 두 배 가까운 수익을 올릴 수 있었다.

2019년 3분기 실적의 경우 EPS YoY가 8% 증가하기는 했지만 앞서 EPS 성장 기준으로 잡은 YoY +20%에는 미치지 못하기 때문에 +20% 원칙을 지키는 투자자라면 아직 매수하지 않고 기다리는 것이 올바른 판단일 수 있다.

앞의 [표 1-3]에는 EPS YoY와 함께 직전 분기 대비 성장률인 EPS QoQ도 함께 제시해놓았다. YoY와 QoQ가 함께 성장하면 금상첨화라고 할 수 있겠지만 성장률 기준점은 YoY로 잡아야 조금 더 나은 판단을 할 수 있다. 많은 수의 기업들이 매출을 올리는 데 있어 성수기와 비수기가 있기 때문에 QoQ를 기준점으로 놓을 경우에는 성수기와 비수기의 매출, 이익 차이로 인해 성장률이 왜곡될 가능성이 높다. 그렇기 때문에 시기적으로 지난해 같은 기간과 비교했을 때 매출, 이익이 얼마나 올랐느냐가 좀 더 합리적으로 판단할 수 있는 근거가 된다.

앞서 이야기했지만 여기에 제시한 EPS 성장률 YoY +20%는 하나의 사례에 불과하다. 하지만 보편적으로 EPS 성장률은 기업의 성장성과 관련해서 매우 중요한 요소로 여기고 있으니 항상 염두에 두고 투자에 임해야 한다.

매도의 원칙은 개인의 상황과 성향에 맞게 다양하게 세울 수 있다. 매도에서 가장 중요한 것은 '감정의 동요 없이 원칙을 철저히 지킬 수 있느냐' 하는 점이다. 원칙을 세우고 그것을 지키는 것만이 시장에서 수익을 올릴 수 있는 지름길임을 잊지 말아야 한다.

한국 주식시장이 매력 없다면
해외시장에 투자하라

"해외 주식투자 사상 최대."

이제 낯설지 않은 이야기가 되었다. 미국 증시는 2009년 이후 꾸준히 상승세를 이어가면서 S&P500 지수 기준으로 지난 10년 동안 6배가량 상승했지만, 한국 주식시장은 2011년 이후 10년 가까이 제자리걸음을 걷고 있다. 더욱이 2018년부터 본격화된 미중 무역전쟁의 여파로 우리나라 주식시장이 큰 폭으로 하락하다 보니 수익률 제고를 위해 해외 주식으로 눈을 돌리는 사람들이 많아지고 있다. 2019년 10월 기준 코스피 거래 대금은 2년 9개월 만에 최저치를 기록했고, 2019년 3분기 해외 주식투자는 또다시 사상 최대 기록을 경신하기도 했다.

미국 주식에 투자하는 것은 포트폴리오 다양화라는 측면에서 바람직한 선택일 수 있다. 우리나라 주식시장과 미국 주식시장은 근본적으로 성격이 다르기 때문에 자산 배분 전략을 잘 사용하는 것이라 할 수 있다.

미국 경제는 제조업보다 서비스업 비중이 높고, 소비 중심의 국가이며, 주식시장에는 세계 최고의 기업들이 즐비하다. 또한 기축 통화인 달러를 찍어내고 통용하는 국가라는 점에서 미국 주식을 매수하는 것은 안전 자산으로 분류되는 '달러'를 보유한다는 개념과 일맥상통하게 된다. 반면 우리나라는 제조업 중심, 수출 중심의 신흥국으로 분류된다는 점에서 미국과는 상황이 완전히 다르다.

전 세계 주식시장에서, 미국이 차지하는 비중은 약 44%에 달하지만 우리나라는 1.65%에 불과하다. 중국이 약 9%, 일본이 약 8% 비중임을 감안해도 우리나라 주식시장의 규모는 매우 작다고 볼 수 있다(2019년 11월 기준). 여기에 더해 국내 증권사들이 해외 주식투자를 좀 더 쉽게 할 수 있도록 다양한 서비스를 제공하면서 해외 주식투자, 특히 미국에 직접 투자하는 주식투자자들이 점점 늘어나고 있다.

미국 주식투자, 좋은 이유가 있을까?_____

미국 주식투자의 최적기는 세계 경기가 좋지 않을 때이다. 금융위기 이후 글로벌 경기가 침체 국면에서 좀처럼 벗어나지 못하고 있다는 점을 감안해보면 지난 10년은 미국 주식투자를 하기에 가장 좋은 시기였고, 미국만 혼자 잘나가는 소위 '나홀로 호황' 상태였기 때문에 미국 주식에 투자한 사람들은 더 없이 좋은 시기를 보내고 있다.

왜 미국 투자의 최적기는 세계 경기가 좋지 않을 때일까?

글로벌 경기 침체 국면에서는 미래에 대한 불확실성이 짙기 때문에 투자자들은 안전 자산을 선호하는 경향이 나타나고, 안전한 곳에서 최대한 수익을 누리려 한다. 이런 맥락에서 미국채에 대한 선호도가 높아지고 안전 자산으로 여겨지는 '달러'에 대한 수요가 늘어나게 된다. 이머징 마켓을 비롯한 제조업/수출 중심의 국가들은 글로벌 경기 침체의 여파로 경제가 어려워지고, 자국 통화 가치를 하락시켜 수출 물량을 늘리려고 한다. 해외 투자 자금들은 환차손을 피하기 위해 이머징 마켓에 대한 투자 비중을 축소한다. 그래서 외국인 투자 자금이 이탈해 경기 불안 증폭이라는 악순환이 반복된다. 이러한 과정에서 달러에 대한 수요는 지속적으로 늘어나 달러 강세 현상이 두드러진다.

미국 달러가 강하다는 것은 유럽, 일본 등 다른 국가들의 통화가 약세를 보인다는 것이고 유럽, 일본뿐만 아니라 이머징 국가들의 경제 상태가 그리 좋지 못하다는 것을 보여주는 단적인 예이다. 따라서 표면적으로 달러 강세 추세가 지속된다면 여전히 미국 주식투자는 유효한 선택이라고 볼 수 있다.

달러 강세가 지속되면 환차익을 얻을 수도 있고, 미국 시장으로 돈이 지속적으로 몰리면서 유동성 공급에 의한 주가 상승 차익도 노려볼 수 있다. 한국 경제가 침체에서 빠져나오지 못하는 상황이 지속될수록 미국 주식투자에 따른 상대적 이익은 증가하게 된다. 미국 주식시장에는 세계 최고의 기업들이 즐비하고, 이들 기업들은 글로벌 경기가 좋아졌을 때 큰 이익을 올릴 수 있는 여지가 충분하기 때문에 주가 상승 기대감이 높다. 또한 우리나라 기업들에 비해 전체적으로 배당 성향이 높다는 점에서 쏠쏠한 배당 수익도 기대해볼 수 있다.

그러나 약달러 추세가 나타난다면 미국 주식에 대한 비중을 늘리는 것에 신중해야 한다. 오히려 비중을 축소하는 것도 하나의 전략이 될 수 있다. 워렌 버핏은 "달러가 약세로 바뀌면 이머징 마켓에 투자해야 한다."라고 말한 바 있다. 투자자라면 그의 말을 곱씹으면서 달러 인덱스(Dollar Index: DXY)의 동향을 항상 살펴야 한다. 달러 약세 추세가 시작된다는 말은 유럽, 일본, 이머징 마켓의 경기가 회복 국면에 접어들었음을 간접적으로 알려주는 신호라고 할 수 있다. 워렌 버핏 등 미국 투자자들 입장에서는 달러 약세 시기에 이머징 마켓에 투자한다면 주가 상승 차익은 물론이고 환차익까지 기대할 수 있는 것이다. 따라서 달러의 강약과 미국과 글로벌 경기 상황을 잘 살피면서 투자에 임할 필요가 있다.

중국과 동남아 투자는 어떨까?

달러 약세 환경이 조성되면 글로벌 투자 자금이 이머징 마켓으로 향할 가능성이 높다. 우리나라와 중국, 대만 등은 신흥국으로 분류되며, 인도, 브라질 등도 대표적인 신흥국 시장으로 분류된다. MSCI 신흥국 지수의 국가별 비중을 살펴보면 중국 34.28%, 한국 11.72%, 대만 11.7%, 인도 8.63%, 브라질 7.47% 등이며, 사우디아라비아 2.7%와 아르헨티나 0.3% 등으로 구성되어 있다(2019년 12월 기준). 사실상 중국이 가장 큰 비중을 차지하므로 글로벌 자금이 대거 중국으로 향할 가능성이 높다. 우리나라와 대만 역시 수혜를 입을 수 있다.

중국의 경우 2019년 하반기부터 기준금리(LPR), 지급준비율을 인하하면서 유동성 공급을 통해 경기 부양에 나섰다는 점에 주목할 필요가 있다. 중국은 그동안 주택 가격 상승, 가파른 소비자물가 상승, 가계/기업

부채 문제 등 내부적인 요인으로 인해 금리 인하 등의 적극적인 유동성 공급을 지양해왔는데, 최근 들어 공격적으로 돈 풀기를 단행하면서 경기 부양을 꾀하고 있다. 더욱이 미중 무역전쟁 1단계 합의에 따라 경기 불안 감이 해소되고, 위안화가 강세로 전환될 조짐이 보이면서 중국 증시 상승에 대한 기대감이 점점 커지고 있다.

베트남은 가파른 경제 발전과 소득 증가에 따른 중산층 소비 여력 확대로 내수 경기가 호황을 보일 것으로 예상된다. 증권사를 통해서 베트남 주식을 직접 매수하거나 베트남 ETF, 베트남 펀드 등을 이용하는 것도 좋은 투자 전략이 될 수 있다. ETF의 경우 미국 시장에 상장된 VanEck Vectors Vietnam ETF(티커: VNM) 등을 이용하는 방법도 있다.

그 밖에 인도네시아, 태국 등 동남아 국가들이 주목받고 있는데 미래에셋대우, 신한금융투자, NH투자증권, KB증권 등의 해외 주식 거래 서비스를 통해서 직접 거래할 수도 있지만, 투자 정보 취득의 불편함을 감안한다면 미국 시장에 상장되어 있는 ETF 상품을 이용하는 것이 효율적일 수 있다. 미국 시장에 상장된 인도네시아 ETF로는 iShares MSCI Indonesia ETF(티커: EIDO)가 있으며, 태국 역시 미래에셋대우 등에서 거래 서비스를 제공하고 있지만 미국이나 중국, 일본 등에 비해 불편함이 많다. 개별 종목이 아닌 변동성이 적은 투자를 하는 사람이라면 미국 시장에 상장된 ETF(iShare MSCI Thailand ETF, 티커: THD)를 활용하면 된다.

미국 주식투자 수수료와 세금

국내 주식투자 거래에는 사실상 거래세(0.22%)를 제외하면 별도의 수수료가 들지 않는다. 그렇지만 해외 주식투자를 하는 데는 약간의 수수료가 부과된다. 최근 들어서 해외 주식 거래가 활성화되면서 국내 증권사들은 해외 주식 거래에 관해서도 수수료 무료 이벤트를 진행하고 있고, 이에 따라 거래 수수료 인하와 더불어 환전 수수료 할인 이벤트를 진행하는 경우도 늘어나고 있다. 증권사들이 제공하는 다양한 혜택을 꼼꼼히 확인하여 부수적인 비용을 최대한 줄일 수 있으면 좋다.

해외 주식 거래의 경우 과거에는 최소 수수료가 있었다. 최소 수수료란 거래 건수에 따라서 7~10달러의 수수료가 부과되는 방식을 말한다. 하지만 최근 들어 소액투자자들이 많이 늘어나면서 최소 수수료 부과 방식은 없어지는 추세이며, 미국 주식의 경우 대체로 0.20~0.25% 정도의 수수료가 부과된다. 해외 주식 거래의 경우 미국 주식에 붙는 세금이 가장 저렴하다. 중국이나 일본의 경우에는 0.30% 정도가 일반적이며 0.1% 이상 차이가 나는 경우는 거의 없다.

표 1-4 증권사별 미국 주식 거래 수수료(온라인 기준)

삼성증권	0.25%	
미래에셋대우	0.25%	
한국투자증권	0.20%	※SEC Fee 0.0000207% (매도시 적용)
대신증권	일반 0.25% 크레온 0.20%	※국가별 제세금 별도 징수 – 매수: 0.08 – 매도: 0.08207%
KB증권	0.25%	
NH투자증권	0.25%	
키움증권	0.25%	

해외 주식 거래를 할 때는 양도소득세에 신경을 써야 한다. 양도 차익에 대해서 250만 원 기본 공제가 되지만 250만 원을 초과하는 금액에 대해서는 양도소득세율 22%(소득세 20%+주민세 2%)가 적용된다. 미국 주식의 배당금에 대한 세금도 부과되지만 미국 현지 배당소득세가 15%이므로 현지에서 원천징수 후 나머지 금액을 수령하게 된다(한국은 14%이므로 세율이 높은 미국의 과세 기준 적용). 이때 국내에서는 총 배당수익금이 금융소득 종합과세 기준인 2,000만 원을 넘지 않으면 별도의 초과 세금 납부가 없지만, 금융소득이 2,000만 원을 초과할 경우 금융소득 종합과세 대상자가 되어 별도로 세금을 신고/납부해야 한다.

양도소득세의 경우 1월 1일~12월 31일까지의 손실과 차익의 총합을 합산하여 계산하기 때문에, 매년 말 양도소득세 공제를 위한 매물이 출회되기도 한다. 손실을 보고 있는 종목과 수익을 보고 있는 종목의 합산 수익이 250만 원을 초과하지 않을 경우, 손실을 보고 있는 종목과 수익을

표 1-5) 미국 주식 양도소득세

기본 공제	연 250만 원
양도소득세율	22%(주민세 2% 포함)
양도차액	양도가액 − 취득가액 − 필요경비 ※ 필요경비: 증권거래세, 거래 수수료 등
예시	1) 애플 주식 1000만 원 차익 실현, 매수/매도 수수료 합 40만 원 2) 양도차액: 1,000만 원 − 40만 원 = 960만 원 3) 양도소득 과세표준: 960만 원 − 250만 원 = 710만 원 4) 양도소득세 산출: 710만 원 x 22% = 156만 2천 원

보고 있는 종목을 동시에 매도하여 양도소득세 기본 공제 범위를 맞추는 식이다.

예)
a) 애플 수익 300만 원 + 넷플릭스 손실 100만 원
   = 합산 손익 200만 원.
b) 12월에 매도하여 손익 확정지을 시 양도소득세 0원
   (기본 공제 한도 이내).

미국 주식을 오랫동안 보유해서 수익이 늘어날수록 매도한 해에 납부해야 할 세금의 범위는 커지게 된다. 따라서 매년 250만 원이라도 기본 공제를 받기 위해서는 연말에 리밸런싱을 통해서 손익을 확정 짓는 편이 낫다. 단, 미국 주식의 경우 결제일이 T+3일이기 때문에 날짜를 잘 계산해서 매도해야 한다는 점에 주의하자(※한국은 T+2일, 주식 결제에 3영업일이 걸린다).

개별 주식에 자신 없다면
ETF를 활용하라

개인이 주식투자를 할 때 가장 큰 고민은 두말할 필요 없이 '어떤 종목을 살 것인가, 내가 산 종목이 과연 오를 것인가'에 대한 것이다. 매수한 주식이 '내가 산 이후'부터 떨어지기 시작한다면 엄청난 고통이 찾아오고, 돈 벌자고 시작한 재테크는 돈 잃고 마음고생만 하는 고생길로 전락할 수 있다. 개별 주식투자의 높은 변동성 때문에 생기는 심리적 리스크를 감당할 수 없다면, 변동성을 낮추고 종목 선택에 대한 부담을 줄일 수 있는 ETF를 활용하는 방법이 있다.

ETF란 Exchange Traded Fund의 약자로 상장 지수 펀드라는 의미인데, 주식과 펀드의 개념이 합쳐진 금융상품이라고 볼 수 있다. 펀드처럼 다양한 종목을 담고 있는 동시에 주식처럼 손쉽게 거래할 수 있다는 장점이 있다. 또 펀드에 비해 운용 수수료가 저렴하다. 이런 장점 때문에 최근 몇 년 동안 주식시장에서 ETF의 비중은 더욱 커졌으며, 안정적인 수익을 추구하기 위한 수단으로 ETF를 매수하는 사례가 늘어나고 있다.

우리나라의 자산운용사들은 다양한 ETF 상품을 선보이고 있다. 삼성자산운용에서는 코덱스(KODEX)라는 브랜드로 우리나라 최초의 ETF 상품을 선보였고, 미래에셋자산운용에서는 타이거(TIGER)라는 브랜드 이름을 붙인 다양한 ETF 상품을 선보이면서 명실공히 우리나라 ETF 시장의 강자로 군림하고 있다. 이외에도 한화자산운용의 아리랑(ARIRANG), 한국투자신탁운용의 킨덱스(KINDEX), 키움투자자산운용의 코세프(KOSEF) 등이 있는데, 코덱스와 타이거를 제외한 나머지 자산운용사의 ETF 상품들은 유동성이 적은 편이기 때문에 매수/매도가 다소 불편할 수도 있다는 점을 인지한 후 매매에 임하는 것이 좋다. ETF 역시 주식과 동일한 방법으로 사고파는 것이기 때문에 거래량이 적으면 원할 때 사고파는 일이 불가능하다는 단점이 있다. 물론, 가격의 변화는 각 ETF마다 추종하는 기준 지수가 있기 때문에 그에 상응하는 움직임을 보이기는 하지만 거래량이 적을수록 가격 왜곡 현상이 심하게 나타날 수 있다는 점을 염두에 둘 필요가 있다.

ETF 상품은 기본적으로 주가지수를 추종하는 상품에서부터 업종/산업을 추종하는 상품과 그 외에 다양한 지수/종목을 골고루 섞어서 운용하는 상품, 그리고 두 배 이상의 수익률을 추구하는 레버리지 상품과 가격 하락에 베팅하는 인버스 상품 등이 있다. 최근에도 새로운 상품들이 계속 출시되고 있으니 해당 자산운용사의 상품 소개 페이지에서 상품의 종류를 확인하고 투자하는 것이 좋다([그림 1-34] 참조).

국내외 시장의 여러 가지 지수를 추종하는 다양한 ETF 상품들이 출시됨에 따라 ETF를 조합해서 투자 전략을 세우는 이른바 'ETF 투자 전략

그림 1-34 **미래에셋자산운용의 타이거 ETF 상품 소개 화면**

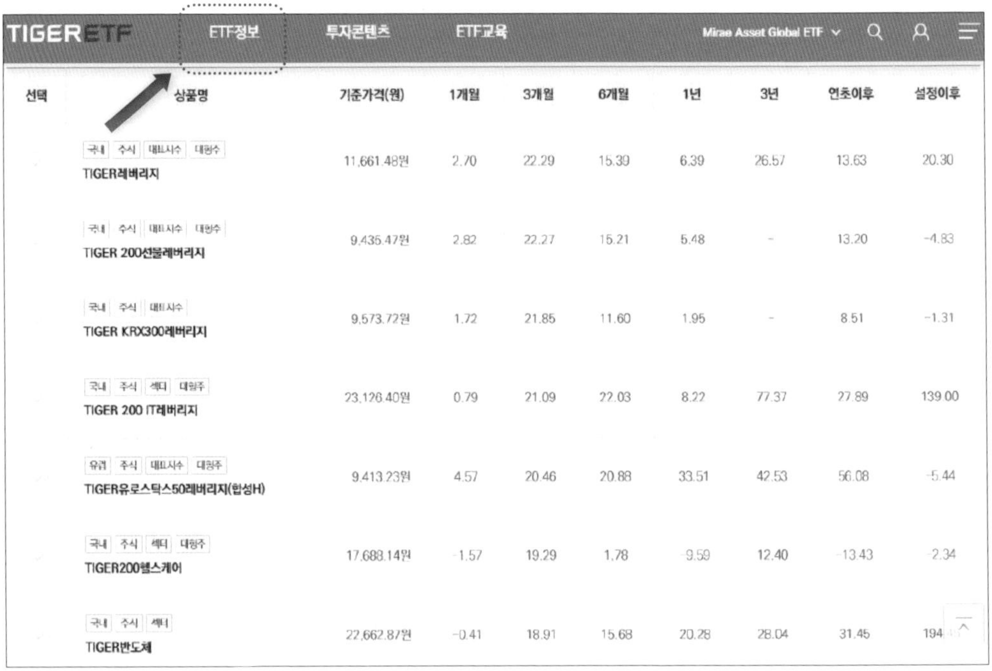

선택	상품명	기준가격(원)	1개월	3개월	6개월	1년	3년	연초이후	설정이후
국내 수식 대표지수 대형주	TIGER레버리지	11,661.48원	2.70	22.29	15.30	6.39	26.57	13.63	20.30
국내 수식 대표지수 대형주	TIGER 200선물레버리지	9,435.47원	2.82	22.27	15.21	5.48	-	13.20	-4.83
국내 수식 대표지수	TIGER KRX300레버리지	9,573.72원	1.72	21.85	11.60	1.95	-	8.51	-1.31
국내 수식 섹터 대형주	TIGER 200 IT레버리지	23,126.40원	0.79	21.09	22.03	8.22	77.37	27.89	139.00
유럽 수식 대표지수 대형주	TIGER유로스탁스50레버리지(합성H)	9,413.23원	4.57	20.46	20.88	33.51	42.53	56.08	-5.44
국내 수식 섹터 대형주	TIGER200헬스케어	17,688.14원	-1.57	19.29	1.78	-9.59	12.40	-13.43	2.34
국내 수식 섹터	TIGER반도체	22,662.87원	-0.41	18.91	15.68	20.28	28.04	31.45	194.0

(EMP, ETF Managed Portfolio)'을 세우고 이에 맞춰 투자하는 사람들도 늘어나고 있고, 증권사에서도 ETF를 활용한 EMP 상품을 선보이고 있다. ETF 투자 전략은 개별 종목 투자 리스크를 최소화하면서 비교적 안정적으로 수익을 추구할 수 있다는 점에서 인기를 끌고 있다. 이는 ETF 상품이 국내 시장에만 한정되지 않고 미국, 일본, 중국 등 해외 주식시장의 지수를 추종하는 ETF가 있고, 세부적으로는 해외 기술주, 바이오와 같은 특정 분야에 투자하는 ETF가 있다는 점, 그리고 채권투자 ETF, 구리와 금과 같은 상품에 투자하는 ETF와 지수 하락에 베팅하는 인버스 ETF 상품도 존재한다는 점 때문인데, 여러가지 ETF 조합을 통해서 수익률을 제

고할 수 있는 방법이 많다는 것이 ETF의 장점이다. 또한 지수/업종 추종 ETF의 경우에는 분배금이라는 이름의 '배당금'도 받을 수 있는데, 이 점 역시 ETF 투자를 매력적인 요소로 만드는 이유 중 하나이다.

ETF를 이용한 해외 투자

ETF를 이용하면 국내 투자뿐만 아니라 해외 투자도 손쉽게 할 수 있고, 미국 주식시장에 상장된 ETF를 이용하면 우리나라 자산운용사들이나 증권사를 통해서 투자할 수 없는 국가에 대한 투자도 할 수 있다.

우리나라 자산운용사들은 대부분 미국, 일본, 중국 시장의 지수를 추종하는 ETF 상품을 판매하고 있다. 삼성자산운용의 코덱스 ETF, 미래에셋자산운용의 타이거 ETF 홈페이지에서 상품 검색을 해보면 아래와 같은 ETF 상품들이 수익률 상위에 랭크되어 있음을 알 수 있다.

한편, 글로벌 시장으로 눈을 돌리면 더욱 다양한 ETF 상품이 있음을

표 1-6 국내 자산운용사의 해외 지수 추종 ETF 상품

삼성자산운용	미래에셋자산운용
KODEX 중국본토 A50	TIGER 미국나스닥바이오
KODEX 한국대만IT프리미어	TIGER 인도니프티50레버리지
KODEX 미국S&P500바이오(합성)	TIGER 일본TOPIX헬스케어(합성)
KODEX 일본TOPIX 100	TIGER 미국S&P500레버리지(합성H)
KODEX 글로벌4차산업로보틱스(합성)	TIGER 미국다우존스30

확인할 수 있고 투자 전략도 다양하게 수립할 수 있다. 미국 시장에는 우리나라보다 다양한 ETF 상품들이 있으며, 역으로 미국 시장에 상장된 우리나라 증시 지수 추종 ETF(iShare MSCI South Korea ETF, EWY)를 매수할 수도 있다. 또한 미국 ETF는 미국 주식과 마찬가지로 달러 표시 통화를 기반으로 매매가 이루어지기 때문에 환율 상승(원화가치 하락)이 일어나면 환차익까지 얻을 수 있다는 장점이 있다. 물론 환율이 떨어지면(원화가치 상승) 일정 수준의 환차손을 감수해야 하기 때문에 약간의 리스크는 있다고 봐야 한다.

　미국 주식시장은 전 세계 주식시장 비중에서 절대적인 우위를 차지하고 있는 만큼, ETF시장의 규모가 크고 상품도 다양하다. 그리고 여러 회

표 1-7 미국 주식시장에 상장된 ETF 예시

티커	ETF 이름	설명
SPY	SODR S&P500 Trust ETF	미국 S&P500 지수 추종
IVV	iShares Core S&P500 ETF	미국 S&P500 지수 추종
VOO	Vanguard S&P500 ETF	미국 S&P500 지수 추종
IWB	iShares Russell 1000 ETF	미국 1000대 기업 시가총액 지수 추종
SKYY	First Trust Cloud Computing ETF	클라우드 컴퓨팅 관련 기업 주가 추종
CLOU	Global X Colud Computing	클라우드 컴퓨팅 관련 기업 주가 추종
EEM	iShares MSCI Emerging Market ETF	신흥국 시장 지수 추종
EWY	iShares MSCI South Korea ETF	한국 주가지수 추종
EIDO	iShares MSCI Indonesia ETF	인도네시아 주가지수 추종

사들이 동일한 지수를 추종하는 상품을 선보이기도 한다. 대표적으로 앞 [표 1-7]의 SPY, IVV, VOO와 같이 S&P500 지수를 추종하는 3개의 상품이 존재한다. 이 경우 ETF 상품을 판매하는 회사의 운용 보수(수수료), ETF 상품 출시 시점 등을 고려해서 본인에게 적합하다고 판단되는 상품을 매수하면 된다.

또한, SKYY와 CLOU와 같이 동일한 업종을 추종하는 ETF가 있는데 특정 업종의 경우에는 회사마다 포트폴리오 구성 종목과 비중이 다르고 운용 수수료에서도 차이가 나기 때문에 ETF 소개에 관한 내용을 찾아보고 매수를 결정하는 편이 좋다.

그 외에도 미국 시장에는 전 세계 다양한 국가의 지수를 추종하는 ETF가 존재한다. 대표적으로 MSCI 이머징마켓 지수를 추종하는 EEM이 있고, 한국 주식시장을 추종하는 EWY, 인도네시아 주식시장을 추종하는 EIDO 등이 있다. 그리고 베트남, 인도, 태국 등 다양한 국가의 지수를 추종하는 ETF가 있기 때문에 글로벌 투자 전략을 세우는 데도 유리하다.

ETF에 관한 정보는 인터넷 웹사이트 www.ETF.com이나 해당 ETF 운용사 홈페이지를 참고하면 된다. 더 많은 정보를 원한다면 ETF 투자에 관한 블로그, 관련 서적 등을 참고하기 바란다.

세금 문제 _____

모든 투자가 그렇듯이 ETF 투자에서도 세금 문제를 가볍게 볼 수 없다. 기본적으로 ETF 세금과 관련된 문제는 국내 ETF냐 해외 ETF냐에 따

표 1-8 국내와 해외 ETF 세금 비교

종류	국내 상장 ETF		해외 ETF
	국내 주식형 ETF	국내 기타 ETF	
매매차익	비과세	배당소득세 15.4%	250만 원 기본 공제 후, 양도소득세 22%
분배금(배당금)	배당소득세 15.4%	배당소득세 15.4%	배당소득세 15.4%
금융소득 종합과세	비과세	금융소득 2000만 원 이상일 경우 과세	

라 달라질 수 있고, 국내 ETF 중에서도 주식형 ETF냐, 그 외 기타 상품이나에 따라 달라질 수 있다. 분배금(배당금)의 경우에는 배당소득세 15.4%가 원천징수된다는 점이 주식투자와 동일하다.

해외 ETF의 경우에는 해외 주식과 동일한 세금이 부과된다(양도소득세 22%). 다만 국내 상장 ETF의 경우에는 ETF의 종류에 따라서 다른 세금이 부과되므로 이 점에 유의할 필요가 있다. 예컨대, 국내 주식형 ETF로서 KODEX 200에 투자한다면, 배당소득세를 제외하고 매매차익에 대해서는 비과세 처리가 된다. 하지만 레버리지 ETF나 원유, 구리, 금 선물 등의 상품 ETF에 투자할 경우에는 매매차익의 15.4%에 해당하는 금액이 세금으로 부과된다.

국내 기타 ETF와 해외 ETF의 세금 문제가 첨예하게 갈리는 부분은 '해외 지수'를 추종하는 국내 상장 ETF를 매매할 경우이다. 예를 들어, 미국 나스닥 지수에 투자하고자 할 때, 나스닥 상장 100개 기업 인덱스를 추종하는 국내 상장 ETF인 'TIGER 미국 나스닥100'을 선택할 수도 있고,

미국 시장에 상장된 Invesco QQQ Trust(티커: QQQ)를 매수할 수도 있다. 두 상품 모두 나스닥 상장 100개 기업 인덱스를 기초로 하고 있다는 점에서 수익률이 비슷한 움직임을 보여준다. 그렇지만 세금은 각각 다른 세율을 적용받는다.

국내 시장에 상장된 'TIGER 나스닥100'은 국내 기타 ETF로 분류되어 매매차익의 15.4% 만큼의 세금이 부과되지만, Invesco QQQ Trust(QQQ)는 해외 ETF로서 미국 주식으로 분류되어 양도소득세 22%가 부과된다. 따라서 매도 시 두 상품의 수익률에는 추가로 6.6%가량의 차이가 발생하게 된다(환차손익은 계산하지 않을 경우이다).

앞서 이야기했듯이 ETF 시장의 규모가 커져가는 것과 궤를 같이하여 다양한 상품들이 등장하고 있다. ETF를 잘 활용한다면 수익률을 높일 수 있는 좋은 기회를 만들 수도 있다. 다만, ETF의 종류에 따라서 세금 문제는 약간의 차이가 있기 때문에 이 점도 고려하여 수익률을 높이는 전략을 치밀하게 세우기 바란다.

2장

시장을 보는 눈,
성공 투자 포인트

서민은
왜 투자에 실패하는가?

　나라 경제가 어렵고 먹고살기 힘들다는 이야기가 자주 들려온다. 오랫동안 수출 부진이 이어지고, 내수 소비마저 위축되면서 2020년에는 1%대 경제성장률을 기록할 것이라는 전망이 나오고 있다. 경제가 점점 어려워지는 현실은 한국에만 국한된 현상은 아니다. 중국의 분기 경제 성장률도 27년 만에 최저치(2019년 3분기, 6%)를 기록했다고 하고, 미국도 제조업지수 PMI의 하락과 함께 소비 위축 우려가 나오고 있다. 그런데 한국의 서울 부동산 가격은 지속적으로 오르면서 강남은 평당 1억 원 시대(84㎡ 기준)를 열었고, 서울 아파트 평균 가격은 계속 상승하고 있다. 중국은 27년 만에 가장 낮은 경제 성장률을 기록했어도 증시는 오르고, 대도시 부동산 가격은 전 세계적으로도 매우 높은 수준으로 가고 있다. 미국 역시 S&P500 지수가 신고가를 갈아치우며 사상 최고가 행진을 이어가고 있고, 부동산 가격 역시 견조한 상승세를 이어가고 있다. 경제가 어려워지면서 내 주머니 사정은 팍팍해지고 있는데 전 세계의 자산 시장은 지속적으로 상승하고 있는 상황이다.

왜 이런 현상이 나타날까? _____

주식/부동산 등 자산 시장의 가격이 많이 오르면 중앙 정부는 경기 과열(버블)을 방지하기 위해 금리 인상 등의 긴축을 고려하게 된다. 즉, 출구 전략 시기를 저울질한다. 그러나 주식/부동산 등 자산의 가격이 많이 올랐지만 실물 경기가 충분히 회복되지 않은 상황, 아직 경기 침체기에 머물러 있거나 침체 우려가 있는 상황에서 중앙 정부는 섣불리 긴축정책을 실행하지 못한다. 긴축정책을 실행하게 되면 실물 경기가 더 큰 침체(위기)에 빠질 수 있기 때문이다. 오히려 정부는 경기 부양책을 실행할 수밖에 없다. 자산 가격이 오른 상황이지만 실물 경기의 완연한 회복을 위해 돈을 시중에 푸는 유동성 공급 정책을 펴게 된다. 경기 회복을 위한 유동성 공급은 또다시 자산 가격 상승을 불러온다. 이때 중요한 점은 경기 회복의 속도보다 자산가격의 상승 속도가 더 빠르다는 것이다. 이것이 바로 경제 정상화의 역설, 루비니 패러독스이다([그림 2-1] 참조).

경기 회복을 위해 공급된 유동성이 자산 시장으로 흘러들어가 자산 가격을 상승시키지만 경기 회복으로 이어지지 못하고 있는 것은 우리나라

그림 2-1 경제 정상화의 역설

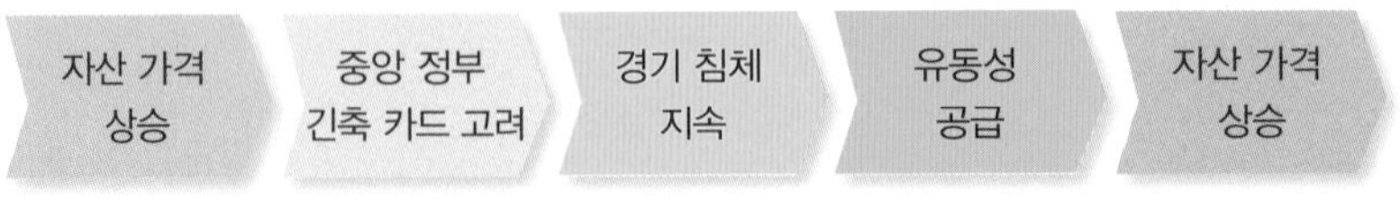

| 자산 가격 상승 | 중앙 정부 긴축 카드 고려 | 경기 침체 지속 | 유동성 공급 | 자산 가격 상승 |

뿐만 아니라 전 세계적인 현상이다. 더욱이 미국 연준(FED)은 지난 2019년 10월 30일, 보험성 금리 인하를 단행하면서 돈 풀기를 지속하고 있고, 한국 역시 2019년 10월 기준 금리를 1.25%까지 내리면서 역대 최저 기준 금리 수준까지 내렸다. 각국 정부들은 기준 금리를 지속적으로 내리면서 경기 회복을 위한 마중물을 붓고 있는데, 이 돈이 경기 회복을 위한 기업의 설비 투자로 이어지기보다는 자산 시장으로 흘러가고 있다는 점을 주목해야 한다.

투자에 성공하기 위해서는 서민 경제와 투자/자산 시장 간의 시차를 인지하고 있어야 한다. 이에 관해서는 투자의 대가로 불렸던 앙드레 코스톨라니의 '산책하는 개 이론'이 유명하다. 산책하는 개 이론은 경제와 주식시장의 관계가 산책하는 개와 주인의 모습과 비슷하다는 이론이다. 여기에서 주인은 경제(실물경제)라고 할 수 있고, 개는 주식시장(자산 시장, 주식 가격)에 비유할 수 있다.

산책을 하다 보면, 개와 주인은 산책로를 따라 앞서거니 뒤서거니 하면서 움직인다. 어떤 때는 개가 앞서서 달리기도 하고, 어떤 때는 개가 주인보다 뒤처져 따라올 때가 있다. 개가 주인보다 앞서 빨리 달릴 때는 앞쪽에 개(자산 시장)를 유혹하는 물건이 있다는 것인데, 이 물건은 정부의 경기 부양책이라고 볼 수 있다. 정부의 경기 부양책은 시중에 유동성을 증가시켜 주식/자산 시장의 상승을 불러오게 되고, 자산 가격(개) 상승이 실물경제(주인) 회복에 앞선 모습을 보여준다. 여기에서 핵심은 정부의 유동성 공급 정책으로 인해 자산 시장의 가격이 먼저 상승하고 실물경제가 뒤를 이어 서서히 회복된다는 것이다. 개(자산 시장)가 앞서 달려가고 주인(실물경제)이 천천히 그 뒤를 따라가게 된다.

주인이 기운을 회복해서 개와 나란히 걸을 때, 개는 에너지를 소모한 후이고 더 이상 개를 유혹할 만한 물건은 앞에 없다. 이 시기는 정부의 유동성 공급이 멈춘 시기이며 자산 시장(개)의 상승이 주춤해진다. 반면, 실물경제(주인)가 회복되어 서민들의 주머니 사정이 좋아지기 시작하는 때라고 할 수 있다. 서민들의 주머니 사정이 좋아지면서 여유 자금이 생겨나고, 주식/자산 시장 가격이 많이 오른 것을 본 서민들은 자산 시장 상승에 대한 확신을 가지고 투자에 참여하게 된다. 서민들이 본격적으로 투자에 참여하면서 시중에 유동성이 다시 증가하게 되고 자산 시장 상승이 나타난다. 하지만 개는 이미 지쳐서 주인에게 끌려가는 신세가 된다. 자산 시장은 정점을 찍고 하락기(지친 개)에 접어들게 된다. 하지만 서민들은 주머니가 두둑해졌기 때문에 본격적으로 투자 시장을 기웃거린다. 이때 선제적 투자자들이(스마트 머니) 시장에서 빠져나가면서 잠시 하락이 나타나더라도 서민들은 일시적인 가격 조정에 따른 저가 매수의 기회라고 생각하고 공격적인 투자를 감행한다. 그러나 실물경제가 좋아져서 주머니 사정이 좋아진 서민들이 대거 투자에 참여하는 시기는 자산 가격의 고점에서 큰손이 물량을 터는 때, 즉 투자의 끝물일 가능성이 높다.

정부가 돈을 풀 때가 투자의 적기 _____

지금껏 많은 투자의 대가들이 '투자의 적기'에 대한 이야기를 많이 했다. 그들이 말하는 투자의 적기를 종합해보면, 투자의 적기는 경기 침체를 벗어나기 위해 정부가 유동성 공급을 시작하거나 지속하는 시점이다.

투자에 성공한 사람들, 부자들이 말하는 투자의 타이밍은 경기 침체기 중에서도 경기 부양을 위해 정부가 정책을 시행하는 시점이다.

일반적인 사람들은 경기 침체, 자산 시장의 하락이 오면 투자에 관심을 끊게 된다. 경기 침체인데도 자산 가격이 상승하면 비정상적인 상승이라고 말하며 하락하거나 폭락해야 정상이라고 말한다. 하지만 경기 부양을 위해 공급되는 유동성은 자산 시장에서 가격을 밀어올리고, 이는 경기 회복을 위한 마중물이 된다. 투자 시장의 활성화로 시장에 돈이 돌면 경기 회복과 함께 서서히 서민 경제가 살아난다.

실물 경제는 투자 시장에 후행한다. 자산 시장 상승의 절정, 경기 회복이 완연하게 이루어질 때 서민들의 주머니는 두둑해진다. 자산 시장의 상승을 지켜본 서민들은 여유 자금으로 투자 시장에 참여하고 경기 과열을 우려한 정부는 긴축 카드를 만지작거린다. 선제적 투자자(부자)들은 서서히 시장을 빠져나간다. 정부의 긴축 정책은 유동성을 억제하게 되고, 서민들이 고점 부근에서 대거 투자했을 때 시장은 하락하게 된다. 그때가 되면 서민들은 '존버!'를 외치며 기다리다가 정부와 시장, 투기꾼 등을 욕하며 결국 시장을 떠나는 과정을 거친다. 서민들의 일확천금에 대한 환상은 산산조각 나고 그제서야 대박의 꿈에서 깨어난다.

사람들은 지금의 경제상황이 과거와 많이 다르다고 말한다. 그렇지만 두 가지를 주목할 필요가 있다. 우선 유동성 공급으로 인해 자산 시장이 지속 상승하면서 양극화를 심화시키고 있다. 그리고 서민들은 여전히 투자할 만한 여유가 없다.

"'이번에는 다르다'라는 말은 가장 비싼 대가를 치르는 말이다." 전설적인 투자자 존 템플턴 경의 말인데, 지금 시점에서 음미해볼 만한 격언이다.

부자는 더 큰 부자가 되고, 서민은 더 가난해지거나 서민으로 남는 것. 앞으로도 변하지 않을 것 같다.

- **PMI** : 미국 제조업 구매 관리자 지수로서 미국의 제조업 부문 구매 관리자의 활동 수준을 나타낸 지표이다. 통상적으로 이 수치가 50 이상일 때 경기가 좋은 것으로 판단하고 50 이하이면 경기가 안 좋은 것으로 본다. 우리나라와 같은 제조업 중심의 국가들은 미국의 PMI 지수가 높을수록 수출이 잘 되는 경향을 보인다.

- **출구 전략** : 불황일 때 경기를 부양하기 위해 취했던 각종 완화 정책을 정상화하는 것을 말한다. 즉, 경기 완화 정책을 철회하면서 긴축 정책으로 전환하는 전략을 말하며, 이는 경기 과열에 따른 부작용을 최소화하기 위해 취하는 모든 조치들을 포괄하는 개념이다.

- **미국 연준** : 미국 연방준비제도(Federal Reserve System), 흔히 '연준'이나 'FED'라고 부른다. 1913년 연방준비법(Federal Reserve Act)에 의해 설립되었으며, 대통령이 임명하고 상원이 승인한 이사 7명으로 이루어진 연방준비제도이사회(FRB)에 의해 운영되며, 이곳에서 미국 기준 금리에 대한 논의가 이루어진다. 본질적으로는 사설 기관이지만 미국 중앙은행의 역할을 하는 곳이며, JP모건 등 사설 은행들이 지분 100%를 소유하고 있다.

투자에 성공하려면 S곡선을 찾아라

　우리 사회가 저성장 국면에 접어들었다는 소식은 전혀 새삼스럽지 않다. 이제는 2%대 경제성장률이 아닌 1%대 경제성장률 시대라는 이야기가 심심찮게 들려올 만큼 저성장이 고착화된 것처럼 보인다. 저성장이란 과거처럼 파이가 커지는 것이 힘들다는 것을 의미하기도 하지만, 투자자 입장에서는 더욱 치열하게 투자할 만한 곳을 찾아야 한다는 의미이기도 하다. 투자자들이 바라는 것은 내가 투자한 기업, 투자처의 가치가 올라가는 것이다. 저성장 시대에는 파이가 줄어드는 곳이 아닌 파이가 커질 만한 곳을 찾고 그곳에 집중적으로 투자해야 살아남는다. 투자한 기업의 가치가 빠른 속도로 올라간다면 그보다 좋은 일이 어디 있겠는가. 투자자들은 앞으로 설명할 S곡선에 주목하고 여기에 부합하는 기업들을 찾아야 한다.

　1장의 '애플 주가 200배 상승의 비밀'에서 연도별 스마트폰 출하량 그래프를 살펴보았다. 각 연도의 스마트폰 출하량 그래프의 상단부를 연결하면 S곡선이 완성된다. 스마트폰 출하량의 경우 폭발적인 성장과 성장 둔화 과정까지 거치면서 한 차례 S곡선을 완성했다. 그리고 5G 시대를 맞이해서 이 분야가 새로운 곡선을 그릴 것이라는 전망이 있다. 또한 클라우드 시장, 전기차 시장과 자율주행 자동차 시장, 이미지 센서 시장 등에서도 S곡선을 찾을 수 있다. 지금 같은 저성장 시대에도 성장하는 산업이 분명히 있고 이곳에서 S곡선을 발견해 투자에 임할 수 있는 것이다(자세한 이야기는 3장에서 다루었다).

투자 성공은 S곡선을 따라간다_____

S곡선은 파괴적 혁신이라고 불리기도 한다. 파괴적 혁신 이론의 주창자이자 최고 권위자인 하버드 경영대학원의 크리스텐슨(Clayton M. Christensen) 교수는 기술 혁신을 기존의 기술 원리를 바탕으로 이를 더욱 발전시켜가는 지속적(Sustaining) 혁신과 기존의 기술 원리를 와해시키고 새로운 원리로 혁신을 이룩하는 파괴적(Disruptive) 혁신으로 나눌 수 있다고 했다. 그에 따르면 특정 기술이 실용화되고 나면 그 기술의 성능은 R&D 노력과 투자에 따라 시간이 지남에 따라 점차 향상되는데, 그 변화 패턴이 S자 곡선 형태를 띤다는 것이다. 기술의 성능이 S곡선을 따라 발전한다는 이론이다.

우리가 눈여겨봐야 할 부분은 S곡선의 기울기가 가파르게 증가하는 부분이다([그림 2-2]의 초록색 박스 부분). 기술의 변화는 하루아침에 일어나지 않는다. 하나의 주기가 보통 10년 이상 걸려 나타나는 경우가 대부

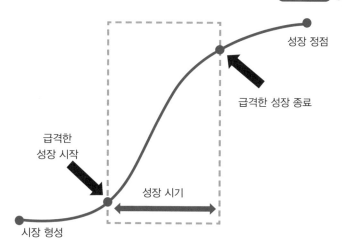

그림 2-2 S곡선

성장 정점

급격한 성장 종료

급격한
성장 시작

성장 시기

시장 형성

분이다. 하나의 기술, 제품이 시장에 등장하고 변화를 불러일으키면서 시장의 파이가 급격하게 커지고, 경쟁이 치열해지고 시장이 포화하는 시점까지 도달하는 데는 오랜 시간이 걸린다. 하나의 큰 주기 속에 작은 주기가 있을 수도 있다. 그렇기 때문에 좀 더 기민한 투자자라면 시장의 큰 흐름과 작은 흐름을 면밀히 살필 필요가 있다.

　S곡선의 흐름은 하나의 산업에도 적용될 수 있지만 개별 기업의 성장 과정에도 적용해볼 수 있다. 그 대표적인 예로, 페이스북이 있다. 페이스북 서비스가 시작된 후 사용자 수가 2억 명에 도달하는 데는 5년의 시간이 걸렸다. 하지만 8억 명이 되는 데는 고작 2년이 더 필요했을 뿐이다. 페이스북의 사용자 숫자는 처음에는 천천히 증가했지만 5년 뒤부터는 폭발적으로 증가한 것이다. 이와 함께 페이스북의 주가 역시 큰 폭으로 올라갔으며, 연간(YoY), 분기별(QoQ) 사용자 증가율이 정체되기 시작한 시점부터 페이스북의 주가 흐름도 정체되었다. 페이스북의 수익원은 '사

그림 2-3 페이스북 일간 사용자 수 증감률(DAU YoY)

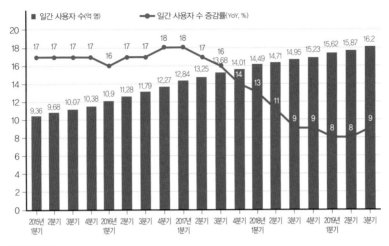

출처: 페이스북 IR

그림 2-4 페이스북 주가 추이(2015년 1월~2019년 8월)

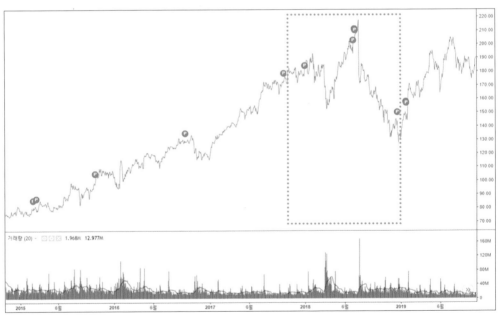

출처: www.investing.com

용자'라고 할 수 있으며, 페이스북은 실적 발표를 할 때 북미, 유럽, 아시아 등 지역별 1인당 사용자가 얼마의 수익을 창출하고 있는지 발표한다. 페이스북의 사용자 수 증가율의 정체는 수익 증가의 정체로 이어지기 때문에 사용자 수 증가율 하락 시기에 성장성이 의심받음으로써 주가의 흐름 역시 부진한 시기를 겪었음을 알 수 있다(2017년 4분기~2018년 4분기).

S자 곡선을 보면 급격한 성장이 시작되는 부분이 있고, 급격한 성장이 종료되는 부분이 있다. 앞 [그림 2-2]의 초록색 박스 부분은 어느 한 산업/기업이 급격한 성장을 구가하는 시기로 투자자들은 기업이 S곡선의 급격한 성장 부분에 진입해 있을 때 투자를 시작하는 것이 가장 이상적이다. 그리고 급격한 성장이 종료되었을 때 투자를 종료하거나 성장세가 정점에 이르렀을 때 투자를 끝내는 것이 가장 좋다.

대부분의 이익은 S곡선의 급격한 성장 시기에 창출된다. 시장이 형성되고 급격한 성장이 시작되기 전까지는 높은 R&D 비용의 지출이 있고 시장의 크기가 작기 때문에 부를 창출하기 어렵다. 그리고 급격한 성장이 끝나면 과도한 경쟁으로 인해 많은 비용이 발생하면서 수익성이 떨어진다.

투자자들은 [그림 2-5]에서 보는 것처럼 급격한 성장이 시작되는 지점과 종료되는 지점을 포착하여 투자를 시작하고 끝내는 것이 가장 좋다. 여기서 중요한 점은 어느 하나의 분야가 성장을 끝내야만 새로운 성장 산업이 생겨나는 것이 아니라, 여러 분야들이 시차를 두고 성장과 쇠퇴를 반복하고 있다는 사실이다. 투자자들은 성장하는 산업의 초입에서 그 과실을 최대한 누리면서 차기 성장 산업을 물색하고, 그 분야가 폭발

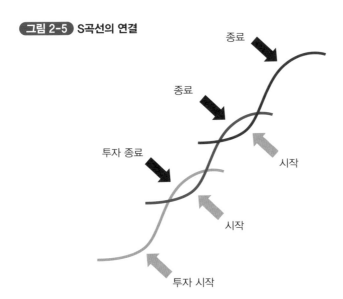

적인 성장을 구가할 때 새롭게 시작하는 성장 산업에 편승하여 그 과실을 누려야 한다.

지금 시대를 저성장 시대, 뉴 노멀 시대라고 부르기도 한다. 분명 여러 분야의 파이가 작아지고 있고 쇠퇴하는 기업이 존재한다. 한편으로는 성장하는 분야가 있고, 성장하는 기업도 있다. 그동안 풀린 많은 유동성은 쇠퇴하는 산업이 아닌 성장하는 산업으로 몰리고 있다는 점을 명심해야 한다. 화려했던 과거에 얽매일 것이 아니라 앞으로 기업이 어떤 성과를 낼 것인지에 주의를 기울여야 한다.

◎ 파괴적 혁신: 크리스텐슨 교수가 자신의 저서《혁신 기업의 딜레마*The Innovator's dilemma*》에서 처음 소개한 개념이다. '파괴적 혁신'은 복잡한 상품이나 서비스를 단순하고 저렴하게 만들어 더 많은 사람들이 접근할 수 있도록 하는 것이다. 새로운 시장을 창출하는 이런 혁신은 기업뿐만 아니라 전체 경제의 성장을 이끈다.

◎ 지속적 혁신(Sustaining Innovation): 기존 제품이나 서비스를 개선해 더 비싼 제품을 만들어 수익성을 높이는 것이다. 중요한 혁신이지만 성장에는 도움이 안 된다. 대체재적 성격을 갖기 때문이다.

소비 패러다임의
변화와 투자

　경제 활동에서 가장 중요한 것은 소비다. 기업들이 제품을 생산하고 여러 가지 서비스를 제공하는 것은 '소비'를 위한 활동이라고 볼 수 있다. 소비자들이 소비를 많이 하면 기업들은 더 많은 제품을 공급하려 할 것이고 생산량을 늘리기 위해 공장 생산라인을 증설하거나 가동률을 높이기 위해 추가로 사람들을 고용하는 쪽으로 움직인다. 기업 투자가 활성화되고 근로 소득이 증가하면 사람들의 소비 여력이 증가하는 선순환 구조가 형성된다. 그렇기 때문에 각국 정부는 경기 침체 국면에 국민들의 소비 활동을 장려하기 위해서 여러 가지 부양책을 내놓는다.

　최근 몇 년 동안 소비 트렌드는 급격하게 바뀌고 있다. 서서히 소비의 중심축이 되어가고 있는 밀레니얼 세대의 소비 행태가 소비 트렌드의 변화를 주도하고 있다. 그 이유가 어찌됐든 소비 트렌드의 변화는 뚜렷하게 나타나고 있으며 투자자는 이런 변화의 흐름을 감지하여 투자에 활용해야 한다.

소비 트렌드의 변화에 큰 영향을 미치고 있는 것은 공유경제, 렌털 시장의 활성화라고 할 수 있다. 특히, 차량 공유 시장이 크게 성장하고 있다는 점을 눈여겨봐야 한다. 전통적으로 자동차 시장의 가장 큰 고객이었던 30~40대의 차량 구매 비중이 줄어든 반면, 이들의 차량 렌털, 공유 차량 서비스 이용 비중이 큰 폭으로 늘어났다는 이야기를 쉽게 접할 수 있다. 특히 워라밸, 욜로, 소확행 등의 유행과 함께 구매에 큰돈이 들어가는 집이나 차량 등을 구매하지 않고 차량 공유 서비스, 렌털 서비스 등을 이용하는 사람들이 늘어나고 있다. 차량 공유 서비스를 이용하거나 렌털 서비스를 이용하고 남는 돈을 온전히 자신에게 사용하면서 삶의 행복감을 높이려고 하는 것이 요즘 밀레니얼 세대의 특징이다. 이 같은 트렌드 변화에 힘입어 공유차 시장은 매년 30%가량 성장하고 있으며, 렌털 시장 역시 연평균 11%가량 성장하고 있는 것으로 나타나고 있다.

또 다른 소비 트렌드의 변화는 SNS가 소비에 미치는 영향력이 커졌다는 점이다. 스마트폰의 보급과 함께 SNS 서비스 이용이 활성화되면서 사람들은 자신의 일상을 간접적으로 보여줄 수 있게 되었고, 한편으로는 다른 사람들의 일상을 언제든지 엿볼 수 있게 되었다. 페이스북이나 인스타그램에는 여행지에서 찍은 사진, 맛집에서 음식을 먹는 사진 등이 수시로 업데이트 된다. 사람들은 자신의 행복한 순간을 SNS를 통해 공유하고 조금 더 특별한 공간을 찾아 그곳에서 특별한 시간을 보내고 있다는 것을 과시한다. SNS 문화의 발달은 골목 상권의 활성화를 불러왔지만, 한편으로는 빠른 변화와 간편함, 특별함을 추구하는 밀레니얼 세대의 특성이 접목되면서 상권의 흥망성쇠가 더욱 빨라지고 있다.

스마트폰은 이와 같은 소비 트렌드 변화의 일등공신이다. 스마트폰 애플리케이션을 이용해서 공유 서비스와 렌털 서비스를 이용할 수 있고 결제까지 스마트폰으로 간편하게 해결할 수 있다. 또한 SNS를 통해 공유한 맛집을 갈 때도 스마트폰의 지도 애플리케이션을 이용하고, 맛집 예약도 스마트폰으로 할 수 있고, 결제도 모바일페이를 통해 할 수 있다. 심지어 모바일 서비스를 이용하면 할인 쿠폰을 제공하는 경우도 많다. 이런 트렌드를 파악한 국내 최대 인터넷 서비스 업체인 네이버는 네이버페이를 이용한 음식점 주문-결제 원스톱 서비스를 선보이기도 했다.

소비 트렌드의 변화는 세계 최대 소비 시장인 미국에서 오래전부터 나타나고 있는 현상이다. 미국 경제분석국(U.S.Bureau of Economic Analysis, BEA)의 통계 자료([그림 2-6]))에 따르면 미국 소비에서 내구재 소비 비중은 매년 감소하고 있는 것으로 나타나고 있다. 내구재란 자동차, 냉장고, 세탁기 등과 같이 내구성이 강한 제품들을 모두 망라한 것인데, 이들은 한 번 구입하면 오래 쓴다는 장점이 있지만 한 번 구입할 때 비

그림 2-6 미국 개인 소비에서 내구재 소비 비중 변화 추이

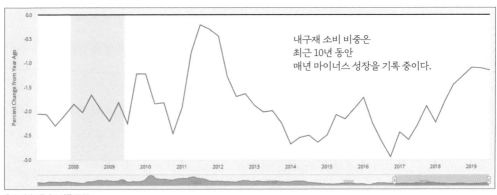

내구재 소비 비중은
최근 10년 동안
매년 마이너스 성장을 기록 중이다.

출처: 세인트루이스 연준 FRED

교적 비용이 많이 든다는 점이 특징이다. 한편, 내구재 소비 비중이 줄어드는 대신 비내구재 소비가 증가하고 있다. 스마트폰을 통해 SNS에서 '과시용'으로 보이는 제품들은 대체로 비내구제 제품이라는 점, 비내구재 소비는 서비스업의 성장과 밀접한 연관이 있다는 점도 주목할 필요가 있다.

SNS를 통해 자신의 일상을 공유하고 다른 사람들의 일상을 엿보는 행위는 전 세계에서 공통으로 나타나는 현상이다. 사람들은 자신이 어디에서 무엇을 하는지, 얼마나 멋진 풍경을 보고 얼마나 맛있는 음식을 먹고 있는지를 실시간으로 공유한다. 또한 경기 불황 속에서도 젊은 사람들이 명품을 구매하고 SNS에 공유하면서 '플렉스하다'라는 말을 하는 것도 이와 무관치 않다. SNS를 손쉽게 접하는 사람들은 다른 사람들의 일상을 곁눈질하면서 자신도 그런 삶에 동화되기를 바란다.

작고, 가볍고, 보여주기 쉬운 소비의 일상화. SNS의 영향력이 확대될수록 사람들의 소비 패턴은 더욱 가벼워질 것이다. 그렇기 때문에 투자자라면 IT 테크놀로지와 소비의 접점에서 무엇을 발견할 수 있을지 주목해야 한다.

- 밀레니얼 세대: 통상적으로 1980년~2000년대 초반에 출생한 세대를 일컫는다. 대부분 베이비붐 세대의 자녀들이기 때문에 베이비붐 에코 세대(에코 부머즈, echo boomers)라고 부르기도 한다.
- 워라밸: 일과 삶의 균형을 뜻하는 영어 '워크 라이프 밸런스(Work-Life Balance)'의 앞말을 따서 만들어진 말이다.
- 플렉스하다: 영어 '플렉스(Flex)'와 '하다'가 결합된 말이다. 원래 의미는 '근육에 힘을 주다, 구부리다'라는 뜻이지만, 젊은 층들은 명품 소비를 하면서 '뽐내다', '자랑하다'는 의미로 사용하고 있다.

채찍 효과와
투자 타이밍

미국과 한국 경제 _____

채찍 효과란 채찍을 사용할 때 손잡이 부분에 작은 힘만 가해도 채찍 끝부분에서는 큰 힘이 생기는 것에서 파생된 개념으로, 주로 유통의 비효율을 설명하는 용어로 사용된다.

유통 구조의 공급 사슬은 소비자, 소매상, 도매상, 제조업체로 이어지는데, 소비자의 수요가 조금만 변해도 공급 사슬의 상위(제조업체)에서는 비효율이 커져 재고가 누적되고 비용이 많이 발생하게 된다는 것이 채찍 효과의 핵심 내용이다. 이것을 국가의 경제 활동에 적용해보면, 채찍을 휘두를 때의 움직임처럼 공급 사슬의 가장 끝쪽에 위치한 국가나 기업이 중간이나 손잡이쪽에 있는 국가나 기업보다 수요의 변화에 더 민감할 수밖에 없다는 의미이다.

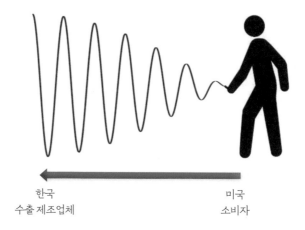

그림 2-7 채찍 효과 개념도

한국
수출 제조업체

미국
소비자

미국 소비의 작은 변화가 한국 수출에 큰 영향을 미칠 수 있다

수출 중심의 경제 구조를 가지고 있는 우리나라와 소비 중심 국가인 미국과의 관계는 채찍의 양극단을 보여주는 좋은 예이다. 우리나라는 제조업 수출 중심의 국가로서 미국에 다양한 물건을 수출하고 있는 채찍의 끝부분에 위치해 있는 국가이다. 반면, 미국은 소비 중심의 국가로서 채찍의 손잡이 부분에 위치한 국가이다. 이런 글로벌 공급 사슬 위치의 차이로 인해 우리나라는 큰 변동성을 지닐 수밖에 없는데, 이 때문에 미국 경제가 기침을 하면 우리나라 경제는 독감에 걸린다는 이야기가 자주 나오는 것이다.

그렇다면 미국 소비의 변화가 우리나라 경제에 어느 정도의 영향을 미치는 것일까?

그림 2-8 미국 소비 증감률과 산업 생산 증감률 비교(2003년 1분기~2019년 3분기)

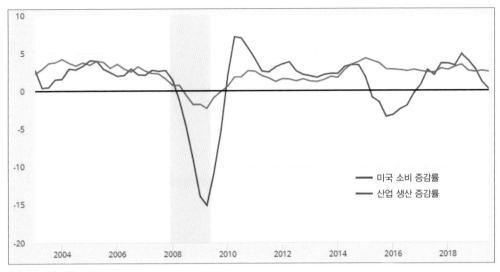

출처: 세인트루이스 연준 FRED

위 [그림 2-8]은 미국 소비 증감률과 산업 생산 증감률을 나타낸 그래 프이다. 그래프를 보면 소비(파란선)가 소폭 하락할 때 산업 생산(붉은선) 은 큰 폭으로 하락한다는 것을 확인할 수 있다. 또한 소비가 증가할 때는 산업 생산이 더 큰 폭으로 상승한다는 것도 확인할 수 있다. 이런 현상이 나타나는 이유는 채찍의 손잡이 부분에 소비가 위치하고 있고, 제조/생 산은 채찍의 끝부분에 위치하고 있기 때문이다. [그림 2-8]을 통해 알 수 있는 사실은 소비의 작은 변화에도 산업 생산은 민감하게 반응하여 등락 폭이 심해진다는 것이다.

다음 [그림 2-9]는 미국 산업 생산 증감률 추이(붉은선)와 한국 수출 증감률(파란선) 추이를 비교한 그래프이다. 앞서 살펴봤던 [그림 2-8] 그 래프와 비슷한 패턴이다. 한국 경제를 떠받치는 힘이라 할 수 있는 수출

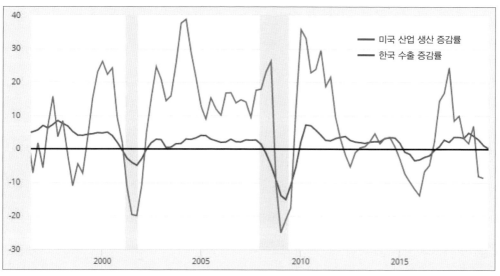

그림 2-9 미국 산업 생산 증감률과 한국 수출 증감률 비교(2001년 1분기~2019년 3분기)

출처: 세인트루이스 연준 FRED

은 미국의 산업 생산이 소폭 증가할 때 큰 폭으로 증가한다는 사실을 확인할 수 있다. 반면, 미국 산업 생산 증가율이 소폭 하락할 때 한국의 수출은 큰 폭으로 하락했다는 사실도 확인할 수 있다. 이를 통해 궁극적으로 미국 소비가 우리나라 경제에 미치는 영향이 크다는 것을 알 수 있다.

미국 경제 성장률에서 소비의 기여율은 약 85%에 이를 정도로 미국 경제에 중요한 요소이다. 또한 미국 소비는 세계 GDP의 약 16.5%(2019년 3분기 기준)를 차지할 정도로 글로벌 경제에도 상당한 파급력을 가지고 있다. 특히, 미국의 소비는 미국 내의 산업 생산에도 큰 영향을 미치지만 우리나라와 같은 제조업 중심 국가의 수출에는 더 큰 영향을 미친다. 그 때문에 한국은행과 같은 우리나라 정부 기관에서는 미국의 소비 변화와 이에 따른 산업 생산 증감률 추이를 예의 주시하고 있다.

이런 경제 데이터를 잘 활용하면 글로벌 자산 배분 전략 수립에 도움이 되며, 자연스럽게 투자 수익률을 높이는 계기를 마련할 수 있다. 미국의 소비 위축과 경기 불황은 우리나라 수출 기업들에게 큰 타격을 준다. 그래서 불황 시기 국내 주식시장 투자 전략에 대한 이야기에서 빠지지 않고 나오는 것이 제조업/수출주(경기민감주)가 아닌 내수주에 투자하라는 말이다. 또한 미국은 경기 부양을 위해 시중에 유동성 공급을 할 것이므로 글로벌 경기 불황 시기에 미국 주식에 투자한다면 안정적인 수익을 올릴 수 있다. 특히, 글로벌 경기 불황 시기에는 달러에 대한 수요가 높아지면서 달러 강세가 유지되므로 미국 주식에 투자한다면 달러 강세로 인한 환차익까지 누릴 수 있다.

반면, 미국 소비가 회복되면서 미국 경기가 살아날 경우에는 이야기가 달라진다. 우리나라 수출주들의 실적이 좋아지고 이에 따라 주가는 큰 폭의 상승을 보여줄 가능성이 높다. 따라서 미국 경제가 완연한 회복세를 보이면서 호황으로 접어들 때는 우리나라의 저평가된 수출주에 주목하라는 이야기가 나오게 된다. 이때는 미국 주식이 오르지 않는다는 뜻이 아니라 채찍 효과로 인해 우리나라 수출주들의 수익률이 더 높게 나타날 수 있다는 의미이다. 또한 우리나라 수출이 증가하고 경제가 좋아지면 자연스럽게 원화 강세 현상이 나타나므로, 미국에 투자해서 환차손을 입는 것보다 국내에 투자하는 것이 이익이다.

대형주와 중소형주 투자 타이밍_____

주식투자에서 흔히 대형주는 안정적이고 변동성이 적고, 중소형주는 변동성이 크다는 이야기를 한다. 여러 가지 통계 자료를 보면 중소형주의 수익률이 높게 나타나기 때문에 중소형주에만 집중적으로 투자하는 사람도 많다. 주식투자를 하는 이유가 투자를 통해서 돈을 버는 것이고, 모두가 단기간에 돈을 벌기 원하기 때문에 사람들은 화려한 상승을 보여주는 중소형주에 매료되는 경향이 있다. 이런 이유로 중소형주에 개인 투자자들이 몰리다 보니 중소형주 위주의 시장인 코스닥 시장은 개미들의 놀이터라는 별명이 붙어 있기도 하다.

주식투자는 싸게 매수해서 비싸게 파는 게임이다. 투자를 하려면 결국 투자 타이밍을 잘 잡아야 한다는 말이다. 여기에서 문제는 투자 타이밍을 잘 잡으려면 어떻게 해야 하느냐는 것이다. 중소형주의 경우는 변동성이 심하기 때문에 타이밍을 잘못 잡으면 순식간에 −10%에서 −20%까지 크게 손실을 입을 수도 있다. 투자 금액이 크면 쉽게 손절매를 하지 못하고 다른 투자 기회마저 놓치게 된다.

한국의 대기업은 여러 중소기업들과 긴밀한 협력관계를 유지하고 있다. 생산 설비(장비)를 중소기업으로부터 납품받는 경우도 있고, 제품(완성품)을 만들기 위해 소재, 부품, 재료 등을 중소기업으로부터 공급받는 경우도 있다. 대기업은 여러 중소기업들로부터 납품을 받고 제품을 완성해서 판매하는 역할을 한다. 이런 면에서 볼 때, 대기업은 채찍의 손잡이에 가깝게 위치(소비자)한다고 할 수 있으며, 중소기업은 채찍의 끝부분에 가깝게 위치(공급자)한다고 할 수 있다.

소비가 늘어나면 대기업은 제품을 더 많이 판매하기 위해 제품 생산을 늘린다. 통상적으로 시장에서 판매되는 양(수요량)보다 많은 양의 제품을 생산하려 할 것이고, 이 때문에 시장에서 필요로 하는 양보다 훨씬 많은

그림 2-10 공급 사슬의 채찍 효과를 대형주와 중소형주에 적용할 수 있다

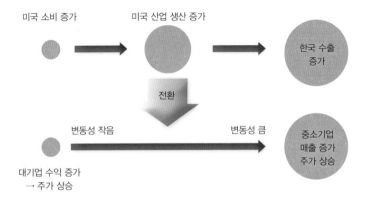

재료를 중소기업에 주문하게 된다. 중소기업 역시 수요가 지속적으로 증가할 것이라는 믿음이 생기면서, 대기업이 원하는 재료를 원활히 공급하기 위해 생산량을 늘려서 재고를 많이 쌓아두게 된다. 이런 움직임에 따라 밸류체인이 여러 단계일수록 시장의 왜곡이 심해지며 향후 매출에 대한 기대감이 커지면서 주가의 변동성도 커지게 된다.

다음 [그림 2-11] 차트는 2차 전지 관련주로 분류되는 삼성SDI와 코스모화학의 가격 추이 복합 차트이다. 삼성SDI는 2차 전지 완성품을 만들어서 글로벌 자동차 기업에 공급하는 업체로서 세계 6위 수준의 생산량(2019년 1분기 기준)을 자랑한다. 코스모화학은 삼성SDI에 2차 전지 양극화 물질을 납품하는 기업으로 알려져 있다. 삼성SDI와 코스모화학은 공생 관계에 있기 때문에 삼성SDI의 2차 전지 생산량이 늘어나면 자연스럽게 코스모화학의 매출도 늘어나는 구조이다. 두 종목은 2차 전지 관련주로 분류되어 지난 2017년~2018년 주가가 함께 상승하는 모습을 보

그림 2-11 삼성SDI와 코스모화학 주가 복합 차트(2016년 10월~2019년 11월)

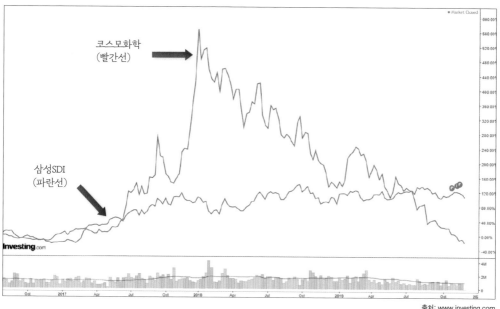

출처: www.investing.com

였는데, 주가의 변동폭에서는 차이가 났다.

　가장 눈에 띄는 점은 대형주인 삼성SDI의 주가 흐름은 2017년 초부터 2018년 초까지 꾸준히 우상향하는 모습이지만 변동폭이 작다. 이 기간 동안 삼성SDI의 주가는 2.5배(150%)가량 상승하였다. 반면, 코스모화학의 경우에는 2017년 5월 이후 가파른 상승세를 보였고, 2017년 10월에는 높은 상승과 하락을 반복하는 흐름을 보였다. 2018년 초 주가가 정점을 찍었을 때, 코스모화학의 주가는 2017년 저점 대비 약 6.5배(550%)가량 상승했다. 같은 기간 동안 삼성SDI 주가 상승률과 비교해보면 매우 큰 폭의 상승을 기록했음을 알 수 있다. 다시 말해, 변동성이 매우 큰 움직임을 보여준 것이다(삼성SDI 2.5배 vs 코스모화학 6.5배).

코스모화학의 변동성이 크다는 것은 2018년 이후의 흐름에도 잘 나타난다. 삼성SDI가 큰 폭의 하락 없이 대체로 횡보하는 모습을 보여주는 동안 코스모화학은 2018년 초부터 2019년 하반기까지 2년 정도의 시간 동안 큰 폭의 하락을 보여주고 있다. 또한 하락하는 추세 중에도 급등과 급락을 반복하면서 코뿔소의 뿔과 같은 모습의 차트를 만들고 있다. 2019년 11월, 코스모화학의 주가는 그동안의 상승분을 모두 반납하면서 2017년 초 수준의 주가로 회귀했다. 이때 수익률은 고점 대비 약 -80% 정도였다.

[그림 2-11]과 같은 주가 흐름은 여러 업종/종목에서 나타난다. 이런 흐름을 보면서 과거 2차 전지 테마주가 뜨면서 관련주들이 상승할 때처럼 다른 업종이 호황을 맞이해서 매수세가 몰려들 때, 대형주보다는 중소형주 매매를 한다면 비교적 높은 수익률을 올릴 수 있다.

대형주는 변동성이 작기 때문에 리스크가 작은 반면 중소형주는 변동성이 큰 만큼 리스크가 크다. 리스크가 크면 주가 하락 시 스트레스 강도를 더 크게 느낄 수 있다. 따라서 심리적으로 리스크를 감당할 수 있는 정도에서 투자를 진행해야 하고, 투자를 하기 전에 철저한 업종/종목 분석이 이루어져야 한다. 투자를 할 때는 파이가 커질 수 있는 분야, 지속적으로 성장할 수 있는 분야에 집중하는 것이 좋다. 그래야 주가가 하락하더라도 성장할 것이라는 믿음을 가지고 마음의 동요 없이 잘 버틸 수 있다.

채찍 효과는 국가 간 무역에서부터 개별 종목 투자에까지 연결할 수 있는 중요한 개념이므로 경제와 주식시장의 흐름 속에서 채찍 효과를 잘 활용한다면 더욱 큰 수익을 올릴 수 있다.

용어 정리

○ 변동성: 주식시장 변동성이란 시장의 투자 자금 움직임이나 투자 주체의 투자력이 시장 내외부적인 요인에 의해 움직이는 성질 및 그 정도를 뜻한다. 변동성이 크다고 할 경우 주식시장 내외부 요인에 민감하게 반응하고 가격의 등락폭이 크다는 것을 의미한다. 변동성이 작다는 것은 그 반대이다.

○ 리스크: 일반적으로 투자 리스크란 수익률의 변화 정도를 말한다. 수익률의 변화가 크면 투자 리스크가 크다고 말하고, 변화가 작으면 리스크가 작다고 말한다. 리스크는 수익과 손실 모두를 포함하는 개념이다. 리스크가 크다는 것은 손실 위험이 크다는 것을 의미하지만, 반대로 수익을 낼 때는 높은 수익을 낼 수 있다는 것을 말한다.

달러/원 환율의
두 가지 포인트

경제/투자 시장에 대한 이야기를 할 때 빠지지 않는 지표 중 하나가 달러/원 환율이다. 뉴스에서는 항상 종합주가지수와 함께 달러/원 환율이 얼마를 기록했다는 이야기가 빠지지 않는다. 은행에 가면 한쪽 벽면에서 미국 달러, 일본 엔, 유로 등의 환율 정보를 볼 수도 있다. 환율은 여행갈 때 환전하는 기준이 될 뿐 아니라 금융/경제를 이해하는 데 있어 중요한 역할을 하며 주식투자와도 밀접한 관련이 있다.

보통 코스피 지수가 하락하면 달러/원 환율이 올라간다. 즉, 원화 약세, 달러화 강세가 된다. 코스피 지수와 달러/원 환율의 방향성은 대체로 역의 상관관계를 가진다. 이러한 관계 때문에 대체로 환율이 오를 것(원화 약세)이 예상되면 주식을 파는 것이 좋고, 환율이 내릴 것(원화 강세)이라고 예상되면 주식을 사는 것이 좋다.

여기에서 중요한 것은 환율이 오르기 때문에 주식시장이 하락하는 것

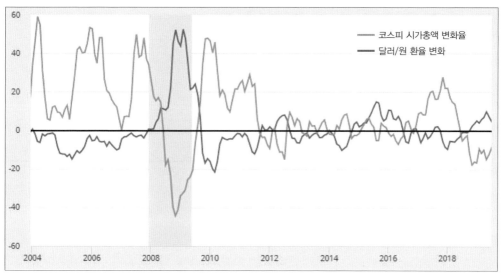

그림 2-12 코스피 시가총액 변화율과 달러/원 환율 변화 비교

출처: 세인트루이스 연준 FRED

인지 주식시장이 하락하기 때문에 환율이 오르는 것인지 그 선후 관계를 명확히 하기가 어렵다는 점이다. 주식시장과 환율은 매일 변하고 그 방향성이 하루에도 수차례 바뀐다.

달러/원 환율을 어떻게 바라봐야 할까?

달러/원 환율은 경제 활동과 밀접한 관련이 있다는 점에 주목할 필요가 있다. 과거 1998년 IMF 구제금융 시기, 2008년 글로벌 금융위기 때 우리나라 경제는 매우 어려운 상황에 직면했고 달러/원 환율이 폭등했다. 우리나라 경제가 위기에 처하거나 어려움에 직면할 때 달러/원 환율은 어김없이 오른다. 바꿔 말하면, 우리나라 경제가 어려울 때 원화 가치

그림 2-13 달러/원 환율과 한국 수출 증감 추이 비교

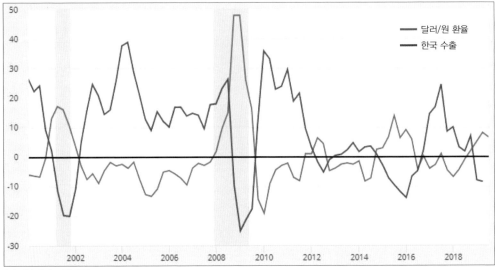

출처: 세인트루이스 연준 FRED

는 하락한다.

위 [그림 2-13] 그래프를 보면 우리나라 수출 증감률과 달러/원 환율의 움직임이 대체로 역의 상관관계를 가진다는 것을 확인할 수 있다. 우리나라는 수출 중심 국가이기 때문에 수출은 우리나라 경제에 큰 영향을 미친다. 수출이 잘 되어서 경기가 좋아지면 달러/원 환율이 하락(원화 강세)하고 수출이 감소하면 달러/원 환율이 상승(원화 약세)하는 것이라고 이해하면 된다.

수출과 환율의 상관관계는 지극히 단순한 시장 경제 논리에 입각하고 있다는 점을 알 수 있다. 국제 무역은 달러를 기반으로 이루어진다. 수출이 잘 되면 돈(달러)을 잘 벌어들이는 것이므로 우리나라 주머니(외환보유고)에 달러가 많아진다는 의미가 된다. 반대로 수출이 잘 안 되면 돈(달

그림 2-14 수출 호조/부진에 따른 달러의 유입 양과 원화 가치의 관계

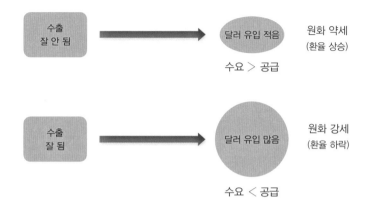

러)을 못 벌어들이는 것이니 달러가 적어지는 것이다. 우리나라 주머니 (외환보유고)에 달러가 많아진다는 것은 달러 가치가 떨어진다는 것을 의미하므로 달러 대비 원화 가치의 상승이 일어날 수 있다. 이는 수요와 공급 원리에 의해서 달러 공급이 많아지기 때문에 그 가치(가격)가 떨어지는 것이라고 볼 수 있고, 반대로 수출이 잘 안 되어 달러가 적게 들어오거나 줄어들게 되면 달러 가치가 올라가고 상대적으로 원화 가치가 떨어지는 데 영향을 주는 것이라 할 수 있다.

결국 우리나라에 얼마나 많은 달러가 유입되느냐에 따라서 달러/원 환율이 움직인다고 할 수 있는데, 달러 유출입에는 수출이 큰 영향을 미친다. 물론, 수출 외에 외국인들의 채권투자, 주식투자 등도 달러 수급에 영향을 미치는 중대한 요인이다.

또 한 가지 환율 이야기를 할 때 많이 거론되는 것이 달러 인덱스

(Dollar Index, DXY)이다. 달러 인덱스는 달러의 강세/약세 정도를 수치화한 것으로서 외환 시장의 중요한 기준점이 된다. 여기에서 명심해야 할 사실은 우리나라 원화는 달러 인덱스에 영향을 주는 존재가 아니라는 점이다. 우리나라 수출이 잘 되어 원화 강세가 된다고 해서 달러 인덱스 하락에 직접적으로 영향을 줄 수 없다는 것이다.

달러 인덱스는 특정 통화로 구성된 통화 바스켓 대비 달러의 변동 비율을 나타낸 지표이다. 여기에서 중요한 것은 '통화 바스켓' 대비 변동률인데, 이 통화 바스켓을 구성하고 있는 통화는 유로(57.6%), 일본 엔(13.6%), 영국 파운드(11.9%), 캐나다 달러(9.1%), 스웨덴 코로나(4.2%), 스위스 프랑(3.6%) 등 6개이다. 우리나라 원화는 바스켓 구성 통화가 아니므로 실질적으로 달러 인덱스에 영향을 주지 않고 독립적으로 움직인다.

하지만 우리나라는 변동 환율제를 채택하고 있기 때문에 무역 상황을 비롯한 여러 가지 대외 변수로 인해 대체로 달러 인덱스와 반대의 움직임을 보여준다. 이로 인해 달러 인덱스가 약세를 보이면 원화 강세가 나타나는 듯한 착시현상을 경험하게 된다.

다음 [그림 2-15]는 달러 인덱스와 유로/달러 환율 복합 차트이다. 유로/달러 환율과 달러 인덱스의 흐름은 데칼코마니에 가까울 정도로 역의 상관관계를 가진다는 것을 확인할 수 있다. 이런 움직임을 보이는 가장 큰 이유는 달러 인덱스 통화 바스켓에서 가장 큰 비중을 차지하는 통화가 유로(57.6%)이기 때문이다. 이처럼 달러 약세 흐름은 유로 강세와 강한 연관성을 갖는다는 점에서 유럽의 경제 상황이 달러의 강약에 큰 영향을 주는 요소라고 할 수 있다. 좀 더 구체적으로는 유럽 연합에서 큰

그림 2-15 달러 인덱스와 유로/달러 환율 비교

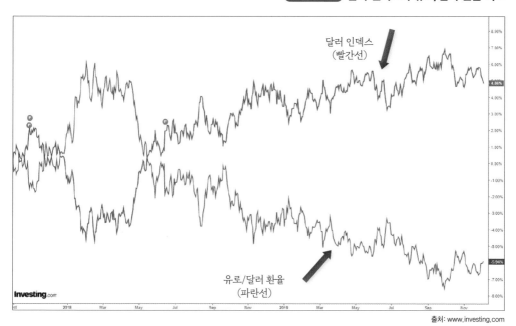

달러 인덱스
(빨간선)

유로/달러 환율
(파란선)

출처: www.investing.com

비중을 차지하는 독일(약 21%), 영국(약 15%), 프랑스(약 14%)의 경제 상황이 긍정적일 때 달러 약세 기조가 유지될 수 있다.

우리나라는 수출 중심의 제조업 국가이기 때문에 높은 환율(원화 약세)을 유지하는 것이 수출에 유리하다. 우리나라 통화가 상대적으로 가치가 낮아야 세계 최대 소비 시장인 미국에 싼 가격으로 물건을 판매할 수 있다. 하지만 지속적으로 높은 환율을 유지하려고 하면 외국인 투자 자금이 빠져나갈 수밖에 없다. 향후 지속적으로 높은 환율이 유지되거나 원화 약세가 심화될 것이라고 판단한다면 기존의 외국인 투자자들이 자금을 한국에서 뺄 가능성이 높다. 그러면 환율이 급격히 치솟고 외환 부족 현상이 나타나면서 제2의 IMF 사태가 올 수도 있다. 이 때문에 외환 당국은 환율이 적정한 수준을 유지할 수 있도록 여러 가지 방법을 동원하여 환율 안정화를 꾀하고 있다.

환율은 다양한 요소에 의해서 결정된다. 그중에서도 경제 상황, 즉 무역수지(수출입)와 큰 관련이 있다는 사실을 숙지할 필요가 있다. 수출이 잘 된다는 것은 기업들이 돈을 잘 번다는 것이고 결국 원화 강세(환율 하락)의 기본적인 조건이 갖추어졌다는 의미이다. 기업의 이익이 늘어난다면 자연스럽게 주가도 오를 수 있다. 이런 선순환의 메커니즘을 이해하고 잘 활용한다면 투자자들은 손실을 피하고 수익을 얻을 수 있다.

국제 유가 흐름을
봐야 하는 이유

석유와 인플레이션 _____

경제를 이야기할 때 빠지지 않고 등장하는 것이 바로 국제 유가이다. 국제 유가의 변화를 피부로 느낄 수 있는 곳은 사실상 주유소의 휘발유/디젤 가격 정도이기 때문에 그 중요성을 일반인이 실감하기는 쉽지 않다. 그렇지만 석유는 물가, 즉 인플레이션(물가 상승)에 막대한 영향을 미친다는 점에서 투자자라면 국제 유가의 움직임에 담긴 의미를 이해하고 있어야 한다.

석유는 우리 일상의 거의 모든 곳에 사용된다. 우리나라 기준으로 자동차와 선박, 항공기 등 소위 수송용으로 쓰이는 석유의 양은 전체 석유 소비의 약 30% 정도를 차지하고 있고, 가장 많은 비중을 차지하는 곳은 산업 분야로 50% 이상의 석유가 석유화학 산업에서 사용된다. 산업 분야는 석유를 이용해서 여러 가지 제품을 만들어내는 것을 의미하는데 플

라스틱 제품, 도로 아스팔트, 비닐을 비롯해서 의류, 비료, 약품, 세제, 타이어 등 사실상 우리 일상생활의 거의 모든 제품이 석유에서 탄생한다. 이처럼 석유는 다양한 제품을 만드는 데 사용되기 때문에 국제 유가가 오르면 원재료 가격이 오르고 이에 따라 생산 제품의 단가도 상승하게 되며 이는 인플레이션을 유발하는 요소가 된다. 반대로 국제유가가 떨어지면 원재료의 가격 상승이 없으므로 인플레이션 압력을 덜 받게 된다. 결국 국제 유가는 인플레이션 유무에 큰 영향을 미친다는 점에서 매우 중요한 원자재로 취급받고 있다.

경기 침체기에 각국 정부는 경기 부양을 위해 금리를 인하하고 재정지출을 늘리는 등 유동성 확장 정책을 펼치게 되는데, 이러한 경기 부양책은 인플레이션을 유도하기 위한 행동이라 할 수 있다. 현재 미국을 비롯한 여러 국가에서는 적정 인플레이션 수준을 2% 선으로 설정하고 있다. 미국 연준(FED)에서도 기준금리를 조절할 때 2% 수준의 인플레이션

그림 2-16 2001년~2019년 WTI 국제 유가 추이

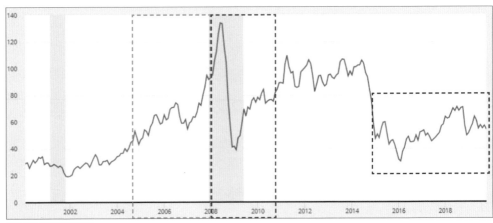

출처: 세인트루이스 연준 FRED

도달 여부를 중요한 기준점으로 삼고 있다. 이처럼 경제 정책을 운용하는 데 있어 인플레이션의 비율이 상당히 중요한 기준점이 되는데, 이 비율에 큰 영향을 미치는 것이 바로 국제 유가이다.

앞의 [그림 2-16]은 지난 2001년부터 2019년까지의 국제 유가 흐름을 나타낸 국제 유가 추이이다. 지난 2006~2007년 글로벌 호황이 찾아왔을 때 국제 유가는 60달러를 넘어섰고(초록색 박스), 호황기를 지나 경기가 절정에 이르렀을 때 국제유가는 100달러를 넘어섰다(초록색과 붉은색 박스 경계). 이 시기에는 전 세계적으로 주식과 부동산이 큰 폭으로 상승했으며 물가가 가파르게 올라갔다. 경기 과열을 우려한 각국 정부는 금리 인상을 통해 과열을 해소하고자 했다. 결국 2008년 9월 글로벌 금융위기가 터졌고 순식간에 세계 경제가 나락으로 빠져들었고, 국제 유가도 폭락했다(붉은색 박스).

현재 국제 유가는 60달러 선을 넘기 위해 안간힘을 쓰고 있지만(보라색 박스), 만성적인 공급 과잉으로 반등이 쉽지 않은 상태이다. 특히, 미국에서 셰일 오일을 생산하면서 중동 산유국들의 석유 감산 조치는 무용지물이 된 상태이다. 국제 유가는 과거에 비해 낮은 수준에서 움직이고 있으며 이로 인해 대부분의 국가는 낮은 인플레이션 비율을 보이고 있다. 이런 현상이 현재 글로벌 경제의 특징이다.

국제 유가와 한국 경제 그리고 주식시장

국제 유가의 흐름이 인플레이션과 밀접한 연관이 있다는 사실은 국제 유가가 경제에 큰 영향을 미치는 요소라는 것을 의미한다. 그렇다면 국

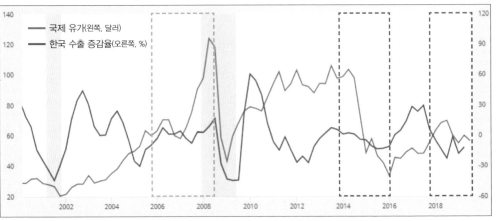

그림 2-17 국제 유가와 한국 수출 증감률 비교

출처: 세인트루이스 연준 FRED

제 유가의 흐름이 한국 경제에는 어느 정도 영향을 미치고 있을까?

위 [그림 2-17]을 보면 대체로 국제 유가가 상승하는 시기에는 한국의 수출이 증가하고(초록색 박스), 국제 유가가 하락하는 시기에는 한국의 수출이 감소하는(붉은색 박스) 경향이 있다는 것을 확인할 수 있다. 한국의 수출이 국제 유가의 흐름과 대체로 비슷한 흐름을 이어간다는 것을 알 수 있는 대목이다.

결국 국제 유가는 글로벌 경기 호황 또는 침체와 밀접한 관련이 있고, 수출 중심 경제 구조를 가진 한국은 글로벌 경기에 민감하게 반응하기 때문에 국제 유가의 흐름이 한국에게는 중요한 변동성 요소로 작용하고 있다고 볼 수 있다.

한국의 수출에 영향을 주는 가장 큰 요인 중 하나는 선진국들의 소비라고 할 수 있는데, 소비는 해당 국가의 경제 상황에 영향을 받을 수밖에 없다. 낮은 인플레이션은 대체로 경기가 좋지 않은 상황임을 의미하고,

국제 유가의 하락은 인플레이션 상승을 억제하며 심할 경우 디플레이션의 원인이 된다. 경기 침체로 인한 수요 부진은 유가 하락에 영향을 줄 수 있고, 유가 하락은 인플레이션을 억제하고 디플레이션 우려를 낳으면서 경기 침체를 가속화시키는 등의 악순환이 반복된다.

경기 침체/호황의 원인을 어느 한 가지 특정 요소로 단정지을 수는 없다. 하지만 한 가지 명백한 사실은 국제 유가가 글로벌 경기 침체/호황과 밀접한 관련이 있다는 것이다. 그리고 이는 우리나라 경제와 주식시장에 큰 파급효과를 불러오기 때문에 주식투자를 할 때는 국제 유가의 움직임을 꼭 살펴볼 필요가 있다.

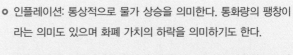

용어 정리

○ 인플레이션: 통상적으로 물가 상승을 의미한다. 통화량의 팽창이라는 의미도 있으며 화폐 가치의 하락을 의미하기도 한다.

○ 디플레이션: 인플레이션의 반대 개념으로 물가가 지속적으로 하락하는 현상을 의미한다. 디플레이션이 나타나면 가격 하락에 대한 기대감으로 인해 소비가 위축되고, 생산은 축소되며 경기 침체의 골은 더욱 깊어질 수 있다.

○ 스태그플레이션: 스태그네이션(불경기, Stagnation)과 인플레이션(Inflation)의 합성어이다. 견조한 수준의 인플레이션은 경제가 좋다는 것을 의미한다. 하지만 스태그플레이션은 경기 침체 상황 속에서 물가가 높은 수준으로 오르는 것을 의미한다.

중앙은행 금리 정책과
투자

지난 2019년 10월, 한국은행의 금융통화위원회는 기준금리를 연 1.50%에서 1.25%로 내렸다. 한국은 사상 최저 기준금리 시대에 접어들었고 시장에서는 경기 침체를 벗어나기 위해서 한국은행이 추가로 금리 인하를 할 수 있을 것이라는 전망도 있다.

금리 인하 추세는 우리나라뿐만 아니라 전 세계적으로 나타나고 있는 현상이다. 미국 연준(FED)은 2019년 10월 30일 금리 인하를 단행하면서 기준 금리를 1.50~1.75% 수준으로 낮추었다. 미국 연준의 금리 인하는 2019년에만 세 번째였는데, 금리 인하 소식에 미국 증시는 상승으로 화답했다. 중국 역시 금리를 내리거나 은행의 지급준비율을 낮춤으로써 유동성 확장 정책을 펼치고 있다. 유럽 중앙은행인 ECB는 이미 오래전에 마이너스 금리 시대를 열었다.

금리 인하는 투자 시장에서 호재로 받아들인다. 주춤하던 미국 증시는 연준이 금리 인하 소식을 전해올 때마다 상승 가도를 달리며 신고가 행진을 이어갔다. 우리나라의 경우에는 금리 인하를 통해 확대된 유동성이 주로 부동산 시장으로 흘러가면서 서울/수도권과 지방 광역시의 부동산 가격 상승을 이끄는 원동력이 되었다.

그렇다면 금리 인하는 왜 자산 시장에 호재로 작용하는 것일까?

금리 인하는 기본적으로 이자율을 낮추는 것이다. 우리가 은행을 이용하다 보면 예금 금리, 대출 금리, CD 금리, 회사채 금리 등 여러 가지 금리에 대한 이야기를 듣게 되는데, 여러 가지 금리 중에서 가장 근본이 되는 금리가 바로 중앙은행이 발표하는 기준금리이다. 결과적으로 기준금리는 여러 가지 금리의 방향에 영향을 미친다. 그래서 한국은행은 국가 경제의 여러 가지 요소를 고려해서 금리의 적정 수준을 정한다. 경제의 방향성을 고찰하고 기준금리를 통해 시중 통화량을 조절하는 것이다.

기준금리 하락은 채권 금리 하락과 대출 금리 하락에 영향을 주기 때문에 시중에 돈이 더 많이 풀리게 하는 촉매제 역할을 한다. 사람들은 과거보다 적은 이자를 부담하면서 돈을 빌릴 수 있기 때문에 더 많은 돈을 빌려 사업을 벌이고 투자를 한다. 기업은 설비투자와 고용을 늘린다. 기준금리 하락은 시중에 돈이 많이 풀린다는 의미이고 이것은 '시장에 유동성이 증가했다'라는 말로 표현된다.

시중에 유통되는 돈이 많아지면 흔히 자산 가격이 오른다고 한다. 자산 가격이 오르는 것은 두 가지 측면에서 바라볼 수 있다. 하나는 시중에 돈이 많아짐으로 인해 돈의 가치가 낮아지는 것이고, 다른 하나는 상대적으로 자산의 가치가 올라서 가격이 상승하는 것이다. 자산 가격이 상승한다는 측면에서 두 가지 현상은 모두 동일하지만 ① 돈의 가치가 낮아진다는 것은 인플레이션이 유발된다는 말로 바꿀 수 있고, ② 자산의 가치가 올라서 가격이 상승한다는 것은 수요의 증가로 인한 가격 상승으로 볼 수 있다. 이를 이해하기 쉽게 풀면 아래와 같다.

① 유동성 공급 → 돈의 가치가 낮아진다 → 인플레이션으로 인한 자산 가격 상승
② 유동성 공급 → 시중에 풀린 돈이 특정 자산에 몰린다 → 수요 증가로 인한 가격 상승

중앙은행이 기준금리를 낮춰서 시중에 유동성을 증가시키는 것은 인위적인 인플레이션을 일으키기 위한 조치로 볼 수 있다. 적절한 수준의 인플레이션은 경제에 활력을 불어넣는 요소로 작동하기 때문에 중앙은행은 경기 회복을 위해 기준금리 인하를 통한 유동성 공급 정책을 시행한다. 이 과정에서 시중에 돈이 많아지면 자연스럽게 돈의 가치는 떨어지게 되고, 한정적인 재화인 실물 자산의 가격 상승이라는 결과를 불러온다.

이러한 과정은 시장의 수요/공급의 법칙을 중앙은행이 이용하는 것이라고 할 수 있다. 특정 재화의 양이 많아지면 그 가치(가격)가 떨어지고, 특정 재화의 양이 적거나 수요가 많아지면 가치(가격)가 오르는 것이 시장의 원리다. 이러한 원리는 통화량의 증가/감소에도 적용된다.

지금까지 기준금리 인하와 통화량의 증가로 인한 자산 가격 상승에 대해서 설명했다. 반대로 금리 인상을 통한 통화량 축소는 과열된 경기를 진정시키는 효과를 불러온다. 경기가 과열된 상황에서는 높은 인플레이션

이 발생하고 자산 가격의 가파른 상승세가 나타난다. 정부는 경기 과열로 인한 후유증을 방지하기 위해 금리 인상을 통한 통화량 축소 정책을 펼치며 출구 전략을 고민한다. 이 경우 자산시장의 유동성이 줄어들게 되고, 시중에 돈이 줄어들면 더 높은 가격에 자산을 매입할 새로운 매수자가 급격히 줄어들기 때문에 자산 가격 상승세가 주춤해지거나 상승 추세가 꺾이게 된다. 급격한 금리 인상에 따른 유동성 경직이 일어날 경우에는 자산 가격이 폭락하면서 경제가 공황 상태에 빠질 수도 있기 때문에 중앙 정부는 금리 인상을 할 때도 매우 조심스러운 태도를 취할 수밖에 없다.

중앙은행이 금리 인하를 통해 시중에 유동성을 공급하는 것은 경기 침체에서 벗어나기 위한 움직임이다. 금리 인하를 통해 시중에 유동성이 공급되더라도 경기가 살아나는 데는 시차가 있다. 시중에 돈이 풀려 자산 가격이 오르는 상황에도 실물경제가 살아나는 데는 시간이 필요하기 때문에 서민이 체감하는 경기는 여전히 어려울 수 있다. 그래서 중앙은행은 지속적으로 시중에 유동성을 공급하게 된다. 이러한 과정에서 자산 가격 상승은 지속되고 한편으로는 정부가 여러 가지 경기 부양 정책을 펼치기 때문에 경제가 서서히 회복된다. 경제가 살아나고 나서 한참 뒤에야 경기 회복의 온기는 비로소 서민들에게 전달된다. 경기가 충분히 회복되고 경기가 호황 국면에 접어들게 되면 중앙은행은 금리 인상을 통해 시중의 유동성을 축소하게 된다. 반면 경기가 호황에 접어들면서 소득이 증가한 서민들이 투자 시장에 적극적으로 참여하면서 시중의 유동성을 증가시킨다. 중앙은행이 금리 인상을 통해 유동성 공급을 축소시킴에도 불구하고 금리 인상 초기에 자산 시장의 가격이 상승할 수 있는 이유는 경기 회복에 따른 시중 유동성 증가의 효과가 남아 있기 때문이다.

경기 과열 국면에 접어들게 되면 중앙은행은 적극적으로 유동성 축소 정책을 펼치게 되고 자산 시장에서 투자금이 대거 빠져나오면서 자산 시장의 가격 하락이 시작된다.

금리 인하는 투자/자산 시장 상승을 위한 마중물이다. 투자/자산 시장의 상승이 먼저 일어난 뒤에 경기 회복이 뒤따른다. 하지만 최근에는 중앙은행이 지속적으로 유동성을 공급해도 자산 시장의 가격 상승만 나타날 뿐 경기 회복의 속도가 매우 더딘 상황이다. 이 같은 상황이 지속되면서 투자 여력이 있는 사람과 그렇지 않은 사람 사이에 양극화가 심해지고 있다. 앞으로 이런 양극화 현상은 더욱 심해질 수 있기 때문에 투자자는 유동성이 대량으로 공급될 때 자산 시장 상승에 편승해 부의 기회를 찾아야 할 것이다.

- 기준금리: 시중에 돌고 있는 돈의 양을 조절하기 위해서 정책적으로 결정하는 금리로, 한 나라의 모든 금리를 정하는 기준이 된다. 우리나라는 한국은행에서 금융통화위원회 회의를 통해 결정한다.

- 시장 금리: 금융 시장에서 자금을 거래할 때 시장 참여자들의 자금 상황에 따라서 수시로 변동되는 금리. 예금 금리, 대출 금리, 콜 금리 등을 아우르는 말이다.

- 대출 금리: 금융회사로부터 돈을 빌린 사람이 은행에 내야 하는 원금에 대한 이자율.

- 예금 금리: 금융회사에 돈을 맡긴 사람이 은행에서 받는 원금에 대한 이자율.

- CD 금리: 은행이 3달 내외로 돈을 빌릴 때의 금리. CD(Certificate of Deposit)란 양도성 예금증서라는 이름의 증서로, 금융기관이 예금자에게 주는 보증 증서이다.

- 회사채 금리: 기업이 회사채를 발행해서 돈을 빌릴 때 책정하는 금리.

포스트 차이나:
주목받는 베트남

2001년, 중국은 미국의 적극적인 지지 하에 세계무역기구(WTO)에 가입했다. 중국은 인구가 많고 인건비가 저렴한 국가였기 때문에 글로벌 기업들에게 아주 매력적인 시장이었다. 수많은 기업이 중국 현지에 공장을 세워 제품을 생산했으며 중국은 이들 상품을 수출하면서 경제력을 키워나갔다. 중국은 세계의 공장이라 불리면서 매년 10%가 넘는 가파른 성장세를 보여주었다. 2007년에는 14.2%라는 놀라운 경제 성장률을 기록했으며, 2008년에 베이징 올림픽을 성공적으로 개최하면서 강한 중국의 면모를 유감없이 세계에 보여주었다.

2008년 글로벌 금융위기 이후 중국의 성장세가 다소 꺾이긴 했지만 중국은 G2로 자리 잡았고 글로벌 경제에 막강한 영향력을 행사하게 되었다. 중국은 빠른 속도로 성장했고 자연스럽게 인건비가 상승했다. 2010년 이후, 중국의 높아진 인건비에 부담을 느낀 글로벌 기업들은 하나둘씩 중국을 떠나 서쪽으로 이동했다. 무엇보다 저렴한 인건비가 사업 성패의 관건인 의류/봉제 업체가 선제적으로 중국을 떠나 동남아 지역에 둥지를 틀었다. 2018년 이후부터는 여러 산업 분야에서 중국을 탈출하려는 움직임이 눈에 띄게 빨라졌다. 미국이 중국에 대해 무역전쟁을 선포하면서 중국산 제품에 대해 관세 부과 방침을 밝혔고, 이를 피해 중국에 생산 기지를 두었던 기업들은 빠르게 공장 이전을 추진했다. 미중 무역전쟁이 지속되면서 세계 각국 기업들의 중국 탈출 행렬은 가속화되었다. 삼성전자는 스마트폰 생산 기지를 중국에서 베트남으로 옮겼다. LG전자 역시 중국에 있던 가전(냉장고) 공장을 철수하면서 대대적인 구조조정을 단행했다.

중국을 떠난 기업들은 어디로 갔을까? _____

기업들이 가장 많이 몰려간 곳은 베트남이다. 블룸버그 통신은 미중 무역전쟁의 최대 수혜국으로 베트남과 멕시코를 꼽기도 했는데, 관세 폭탄을 피하기 위해 중국을 떠난 기업들이 베트남과 멕시코 등으로 이동하면서 이들 국가의 일자리가 급속히 늘어났다. 베트남은 오래전부터 삼성전자의 생산기지 역할을 해왔는데 이제는 삼성전자와 LG전자 등 대기업뿐만 아니라 우리나라의 수많은 중소기업과 해외 기업들이 몰려가고 있다. 심지어 중국 기업들조차 미국의 관세 폭탄을 피하기 위해 베트남으로 공장을 옮기고 있다.

기업들이 베트남을 선택한 첫 번째 이유는 저렴한 인건비 때문이다. 중국의 인건비가 높아지면서 생산기지로서의 매력이 줄어들었기 때문에 기업들은 미중 무역전쟁 이전부터 중국을 떠나기 시작했다. 현재 베트남의 인건비는 중국의 1/3 수준이다. 이 점에서 기업들에게는 베트남이 매력적인 국가라고 할 수 있다.

둘째로는 베트남이 중국과 같은 공산주의 국가로서 국가 통제 하에 경제 정책이 잘 추진되며 산업 인프라가 잘 갖춰져 있다는 장점이 있기 때문이다. 베트남 정부는 경제 발전을 위해서 산업 단지, 도로, 항만 건설 등을 적극적으로 추진하는 등 해외 기업 유치를 위한 산업 인프라를 잘 갖춰놓았다.

베트남 인구가 약 1억 명가량 된다는 점에서 주변 국가에 비해 내수 시장의 규모가 크고, 젊은 인구가 많다는 것이 강점이다. 인구의 약 50% 정도가 15세~44세 사이인데 이처럼 젊은 인구가 많다는 것은 소비 여력이 그만큼 크다는 것을 의미하기에 기업들에게는 매우 매력적인 요소이다.

교육열이 매우 높다는 점도 기업들이 베트남을 선호하는 하나의 요인이다. 베트남은 우리나라의 경제 발전 과정을 벤치마킹하면서 교육에도 많은 투자를 해왔다. 덕분에 고등 교육을 받은 우수한 인재가 많이 배출되고 있다. 교육을 받은 자원이 많을수록 산업 생산성 향상에 도움이 되기에 베트남의 이런 환경은 기업들에게 대단히 매력적이다.

지금도 많은 기업들이 중국에 남아 있지만 높은 인건비 부담 때문에 중국을 떠나는 곳이 늘어나는 추세이다. 앞서 이야기했듯이 베트남은 산업 인프라, 정부의 적극적인 경제 활성화 정책, 인구, 교육열 등 여러 가지 면에서 매력적인 국가이기 때문에 앞으로 높은 경제 성장률을 기록할 것으로 예상하고 있다.

세계의 많은 투자자들이 베트남을 향후 높은 성장률을 보여줄 대표적인 나라로 인정하는 분위기인 만큼 베트남 펀드나 ETF, 베트남 주식에 관심을 가져보는 것도 투자 수익률을 높이는 데 도움이 될 수 있다. 단, 베트남 주식을 직접 매매할 때는 환차손을 고려해야 한다는 점을 잊지 말자.

용어 정리

○ 환차손: 환율 변동으로 인해 손해를 입는 것. 예를 들어, 외국인 이 1달러 = 1,000원일 때, 1,000원짜리 한국 주식을 한 주 샀다 고 가정하자. 만약 원화 환율이 올라서(원화 가치 하락) 1,500원 이 되었다면, 이 외국인은 주식을 팔고 1달러로 환전하기 위해서 1,500원을 지불해야 한다. 즉, 주식에서 50%의 수익이 났다고 하더라도, 환율로 인 한 손실이 −50%가 되기 때문에 아무런 이익을 얻지 못하게 된다. 물론, 반대로 환 율이 하락(원화 가치 상승)하면 외국인은 주가 차익과 환차익을 동시에 얻을 수 있다.

정부 정책과 투자:
대통령의 말과 행동

투자 활동은 하나의 국가 안에서 일어나는 행위이기 때문에 정부 정책의 영향을 받을 수밖에 없다. 앞서 살펴봤던 중앙은행의 금리 정책 역시 넓은 의미에서는 정부 정책의 하나이다. 다만, 일반적으로 중앙은행은 한 국가 내에서 정부로부터 독립적인 역할을 하며, 금리 정책은 대내외적 경제 상황을 종합적으로 판단하여 움직인다는 점에서 따로 떼어 금리 변화와 투자의 상관관계를 살펴본 것이다.

그렇다면 대통령의 말과 행동에서 나오는 정부 정책이 주식투자에 어떤 영향을 줄까?

전 세계 어느 국가든 지도자들은 국가의 경제 발전을 위해 고심한다. 시대와 지역을 막론하고 예로부터 국민이 잘 살아야 나라가 평안하고 국가 운영이 잘 되기 때문이다. 그래서 대통령은 시대 상황에 걸맞게 경제 정책 방향을 제시하고 정부 부처들은 이에 맞게 계획을 수립하고 정책에 맞추어 예산을 집행한다. 경기가 침체되면 정부는 경제 정책에 더욱 각별히 신경 쓸 수밖에 없다. 우리나라의 경우에는 과거 김대중 정부 때부터 현재에 이르기까지 여러 차례 경기 침체와 경제 위기의 순간을 맞이했고 그때마다 역대 대통령은 경제 활성화를 위한 여러 가지 정책을 수립하고 실행해왔다.

정부 정책이 주식시장에 큰 영향을 준 대표적인 사례로 2008년 취임한 이명박 정부를 들 수 있다. 이명박 정부 시절, 2008년 글로벌 금융 위기가 닥치면서 전 세계 경제가 침체의 늪에 빠졌으며 주식시장과 부동산 시장은 유례없는 폭락을 경험하게 되었다. 이에 이명박 정부에서는 대통령이 직접 나서서 펀드에 가입하는 등의 행동으로 주식시장이 되살아날 수 있음을 보여주었다. 그리고 자동차 개별소비세를 인하하는 정책을 써서 자동차 소비를 장려하는 등 감세 정책을 통한 소비 진작 유도로 내수 경기를 살리기 위해 힘썼다. 이 시기에는 전 세계 각국이 자국 경기를 부양하기 위해 여러 가지 정책을 펼쳤는데, 그중에서도 우리나라 증시 상승과 경제 회복 속도는 단연 돋보였다. 특히 주식시장에서는 자동차, 화학, 정유 업종이 증시를 이끄는 소위 차·화·정 장세가 나타나면서 종합주가지수가 금융위기 이전을 넘어 역사적 신고가를 기록하는 저력을 보여주었다. 이처럼 증시에서 차·화·정 장세가 나타나면서 한국 증시가 사상 최고가를 기록할 수 있었던 이유는 달러 약세, 유가 상승이라는 대외적 상황 속에서 자동차, 석유 화학 산업 활성화를 위한 정부의 정책적인 지원이 있었기 때문이다.

문재인 정부 역시 경제 정책에 대한 여러 가지 비전을 제시한 바 있다.

특히 바이오 산업, 벤처 투자 활성화 등 다양한 정책을 발표하면서 미래 먹거리에 대한 정부 차원의 관심을 드러냈다. 지난 2019년 8월에는 일본과의 무역 갈등 속에서 반도체/디스플레이 소재, 부품, 장비(소·부·장) 국산화에 대한 강력한 의지를 피력하면서 지원을 아끼지 않을 것이라는 의견을 공공연하게 발표했다. 또한 일본과의 무역 갈등이 심화되는 와중에 한국 증시가 3년 만에 최저치로 떨어졌을 때, 대통령이 직접 나서 펀드에 가입하는 등 한국 증시에 대한 관심을 환기시키면서 주식/펀드 투자를 독려하기도 했다. 이러한 정책적 움직임은 주식시장에도 큰 영향을 주었다. 산업통상자원부 등 정부 기관들이 반도체/디스플레이 소재, 부품, 장비를 개발/생산하는 기업에 대한 지원책을 즉시 내놓았고, 정부의 정책적 지원에 힘입어 펀드 자금, 연기금 등 자산 운용 기관의 투자 자금들이 주식시장에 유입되어 소·부·장 기업에 대한 투자로 이어졌다. 이런 자금의 흐름은 반도체/디스플레이 소재, 부품, 장비 관련 기업들의 주가가 큰 폭으로 오르는 계기로 작동했다.

우리나라 대통령뿐만 아니라 미국 정부나 중국 정부에서 흘러나오는 발언 역시 관심을 기울일 필요가 있다. 미국과 중국은 G2로 불리면서 세계 경제 흐름을 좌지우지하고 있으며, 우리나라의 수출 1위(중국)와 2위(미국) 국가라는 점에서 이들 나라의 대통령이 어떤 이야기를 하는지, 어떤 대외 정책을 펼치는지 주목할 필요가 있다.

대표적인 예로, 미국 트럼프 대통령의 파리기후협약 탈퇴 선언이 있다. 트럼프 대통령은 2017년 6월, 파리기후협약 탈퇴를 결정했다. 미국의 파리기후협약 탈퇴는 환경 규제 완화를 뜻하며 친환경 에너지의 생산/사용 확대가 아닌 지속적인 화석 연료 사용 의지를 피력한 것으로 볼수 있다. 미국의 이런 움직임은 전 세계적으로 큰 파급 효과를 불러왔는데, 특히 친환경 에너지 관련 기업들의 주가에 직간접적으로 영향을 주었다. 한 예로, 친환경 에너지의 대표로 불리는 태양광 에너지와 관련하여 우리나라의 대표적인 기업이라고 할 수 있는 OCI와 한화솔루션(구 한화케미칼)의 주가는 대체로 2017년 말을 정점으로 대세 하락기에 접어들면서 큰 폭으로 하락했다. 반면, 미국은 오일 패권 장악을 위해 다량의 세일 오일을 생산하면서 화석 연료의 사용처를 늘리고 있는데, 이에 따른 세일 오일 수요에 대한 기대감이 겹치면서 미국의 웨이스트 매니지먼트(Waste Management Inc. WM), 테트라텍(Tetra Tech, inc. TTEK) 등과 같은 세일 오일 관련 업체들의 주가는 큰 폭의 상승세를 이어가고 있다.

중국은 한국 경제에 큰 영향을 주고 있는데, 대표적으로 '사드 보복'으로 불리는 '한한령'을 들 수 있다. 그 이전까지 중국인 관광객들이 대규모로 국내에 들어오면서 면세점, 호텔, 카지노 등 유통/여행/레저 업종의 기업들은 큰 수익을 올렸고 주가도 큰 폭으로 올랐다. 하지만 사드 사태 이후, 중국 정부 당국은 한국으로의 단체 관광을 금지했고 이에 따라 면세점, 호텔, 카지노 업종이 큰 타격을 입었다. 관련 기업들의 주가도 속절없이 떨어졌다. 그러다가 2019년 9월부터 한국에 대한 단체 관광을 다시 허용하면서 중국인 관광객들이 서서히 몰려오기 시작하자 관련 업계가 살아나기 시작했다. 외국인 상대 카지노를 운영하는 파라다이스의 경우 중국인 단체 관광객 유입에 따라 2019년 3분기 실적이 크게 개선되면서 주가가 오르기 시작했다. 면세점을 운영하는 신세계, 호텔신라 등도 실적이 좋아졌으며, 중국 관련주로 분류되는 아모레퍼시픽, LG 생활건강 등도 화장품 판매 호조로 주가가 올랐다는 것을 확인할 수 있다. 중국 정부의 정책 변화에 따라 중국과 밀접한 관련이 있는 우리나라 기업들이 큰 영향을 받는다는 점을 투자에 꼭 참고해야 한다.

　대통령의 입에서 나온 국가의 정책 방향은 경제에 큰 영향을 미치기 때문에 주식시장에도 큰 파급 효과를 불러온다. 따라서 주식투자자라면 대통령이 말하는 정책적 방향, 국가 정책 이슈 등을 예의주시하면서 투자에 적극적으로 활용해야 한다.

- 개별소비세: 특정한 물품, 특정한 장소 입장행위, 특정한 장소에서의 유흥행위 및 특정한 장소에서의 영업행위에 부과되는 세금이다. 자동차의 경우 자동차 가격(물품 가격)의 5%가 부과(1,000cc 이하 제외)되는데 경기가 좋지 않을 경우, 정부는 자동차 개별소비세를 인하하거나 면제하여 자동차 구매를 장려하는 정책을 펼친다.

- 차·화·정 장세: 2009년~2011년 사이 우리나라 증시가 크게 상승할 때 자동차, 화학, 정유 업종의 대표적인 종목들이 상승을 주도하면서 생겨난 말이다. 자동차 업종 대표주인 현대자동차의 경우 2009년 1월에서 2011년 5월까지 2년 반 동안 4만 원 → 25만 원까지 6배 이상 상승했으며, 정유 업종 대표 종목인 SK이노베이션은 7만 원 → 25만 원, 화학 업종 대표 종목인 LG화학은 8만 원 → 58만 원, OCI는 17만 원 → 65만 원까지 상승하는 등 높은 상승률을 보여주었다. 이 같은 차·화·정 장세에 힘입어 종합 주가지수는 1000포인트에서 2200포인트까지 두 배 이상 상승하였다.

일본의
'2020 현금 없는 사회'
선언의 의미

1980년대 말 자산 시장 버블 붕괴 이후, 일본 사회에는 달러에 이은 준기축통화로 여겨지는 엔화에 대한 강한 신뢰가 형성되었다. 경제 위기가 언제 닥쳐올지 모른다는 불안감 속에서 너도나도 현금을 보유하는 것이 미덕이 되었고, 일본 정부가 경기 침체를 타개하기 위해 제로금리 정책을 펼치면서 현금에 대한 일본 국민의 신뢰는 더욱 강해졌다. 현금에 대한 신뢰가 높아지다 보니 사람들은 자연스럽게 현금을 주요 거래 수단으로 이용하게 되었다.

이러한 시대적인 배경 때문에 일본은 OECD 국가 중에서 카드 사용률이 가장 낮은 나라가 되었다. 바꿔 말하면, 전 세계 주요 국가들 가운데 현금 사용 비중이 가장 높은 나라가 일본이라는 말이다. 현금을 사용하는 비중(약 63%)이 카드를 사용하는 비중(약 25%)보다 월등히 높은데, 이 때문에 일본 사람들은 현금만 믿는 경향이 있다는 말을 많이 한다. 신용/체크

카드 사용 비중이 70%를 넘는 우리나라와는 대조적이다.

일본은 2020년 도쿄 올림픽을 기점으로 변화된 모습을 보여주려 하고 있다. 그중 하나가 정부 차원에서 신용카드나 모바일페이 등의 비현금 결제 이용을 적극 장려하고 있다는 점이다. 비현금 결제가 원활히 이루어지기 위해서는 비현금 결제를 위한 인프라가 보급되어야 하는데, 일본의 소매점들은 카드 결제 단말기가 없는 곳이 많다. 심지어 도쿄의 유명 소매 체인점에서도 현금 결제만 해야 한다. 이러한 점 때문에 일본 정부는 2020년 도쿄 올림픽 개최국이라는 명분을 내세워 모바일페이 활성화 정책, 카드 단말기 보급 정책 등을 펼치면서 비현금 사회로의 전환을 꾀하고 있다. 일본 정부가 현금 없는 사회를 위해 적극적으로 나서는 이유는 무엇일까?

2020년 도쿄 올림픽을 맞이해서 외국인들이 대거 방문하게 될 텐데 카드 결제 시스템이 갖춰져 있지 않으면 큰 불편을 겪을 것이므로 현금 없는 사회를 준비해야 한다는 목소리가 일본 내부에 있다. 일리 있는 말이지만 이것은 표면적인 이유이고, 근본적으로는 일본 사회의 분위기를 현금 없는 사회로 전환하는 것이 일본 정부의 주요 목표라고 할 수 있다. 일본 국민들이 현금 대신 카드, 모바일페이를 사용하게 되면 정부 입장에서는 여러 가지 측면에서 이익을 볼 수 있다.

첫째로 소비 내역이 명확해지기 때문에 세금 걷기가 쉬워진다. 카드나 모바일페이는 결제 과정이 전산처리되어 기록되기 때문에 탈세의 여지가 없다. 일본 사람들이 현금을 주로 사용하는 이유 중 하나는 높은 소비세(10%) 때문이라고 한다. 현금으로 거래하면 소비세를 더하지 않고 물건 가격만 지불하면 되지만, 카드 결제를 할 때는 물건 가격의 10%를 추가로 지불해야 하기 때문이다.

둘째로는 소비 진작 효과가 있다. 현금을 쓸 때보다 카드를 사용할 때 사람들의 지출 빈도는 잦아지고 사용 금액은 높아진다. 재테크를 하면서 돈을 모으려면 신용카드부터 버려야 한다는 말이 있듯이 카드 사용은 사람들의 소비 욕구를 자극하는 경향이 있다. 현금이 아닌 다른 결제 수단을 사용하면 눈앞에서 돈이 나가는 게 보이지 않고 지금 당장 돈이 나가는 것이 아니기 때문에 물건을 쉽게 구매하는 경향이 있다. 또한 무이자 할부 서비스를 이용하면서 지출에 대한 부담을 줄일 수도 있다. 카드 사용은 소비를 활성화시키는 측면이 있고 이는 내수 경기 진작에 도움이 된다.

그 외에도 중앙은행 입장에서는 유통되는 현금의 양이 줄어들면 돈을 적게 찍어도 되고 그만큼 현금 유통/관리 비용을 줄일 수 있다는 장점이 있다. 또한 비현금 결제, 특히 모바일 결제를 이용하는 것이 전 세계적인 추세라는 점에서 일본 역시 세계적인 흐름에 발맞추고 관련 인프라를 구축할 필요성이 제기되고 있다.

일본의 이러한 변화는 현금 중심의 사회마저도 전 세계적인 변화의 흐름에 동참할 수밖에 없다는 현실을 단적으로 보여준다. 국가가 화폐 경제를 효과적으로 통제할 수 있게 해준다는 측면에서도 정부에게 이익이 된다. 사용자들 역시 카드 할인 혜택, 포인트 환급 등의 보상을 받는 이익을 얻을 수 있다.

스마트폰의 보급과 함께 금융 분야는 빠른 속도로 변하면서 금융에 대한 접근을 단순화시키고 있다. 이런 변화의 핵심에 모바일페이가 자리잡고 있다. 모바일페이는 다양한 형태로 나타나고 있는데 은행/신용카드 회사와 모바일페이 서비스 업체가 연계되어 간편 결제를 할 수 있는 시스템이 일반적이다. 우리나라에는 삼성 스마트폰의 삼성 페이, 카카오의 카카오페이와 네이버 파이낸셜의 네이버페이가 대표적이다. 카드 회사들은 모바일페이 서비스 기업들과의 협업을 통해 빠른 속도로 시장을 확장해가고 있다.

이미 중국은 모바일페이 천국이라고 불릴 정도로 사용자가 많고, 한국역시 모바일페이 사용 금액이 해마다 급증하고 있다. 신용카드 사용률이 낮은 동남아 지역에서도 소액 결제 위주의 모바일페이 서비스 시장이 급격히 커지면서 신용카드 회사들이 모바일페이 서비스 제공에 주력하고 있다고 한다. 그리고 일본에서도 정책적인 지원과 더불어 여러 IT 기업들이 다양한 모바일페이 서비스를 선보이면서 사용이 늘어나고 있다.

전 세계는 지금 모바일페이, 간편 결제 열풍이 휘몰아치고 있으니 주식시장에서 관련 기업을 찾아 미리 투자하는 지혜가 필요할 때이다.

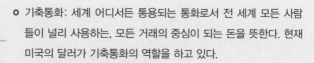

용어 정리

o **기축통화**: 세계 어디서든 통용되는 통화로서 전 세계 모든 사람들이 널리 사용하는, 모든 거래의 중심이 되는 돈을 뜻한다. 현재 미국의 달러가 기축통화의 역할을 하고 있다.

o **준기축통화**: 기축통화인 달러에 버금가는 신뢰를 가진 화폐를 말한다. 유로, 파운드, 엔 등이 준기축통화로 불리며 글로벌 교역에 광범위하게 사용된다. 경제 위기가 오더라도 이들 통화는 그 가치가 일정 부분 보존된다.

3장

4차 산업혁명,
대박 키워드

우리는 여러 매체를 통해서 '4차 산업혁명'이라는 말을 자주 접하고 있다. 기업들이 4차 산업혁명 시대를 맞이해서 변화하고 있다는 이야기도 심심찮게 들려온다. 중요한 것은 4차 산업혁명 시대가 한순간에 '짠!' 하고 나타나는 변화가 아니라는 점이다. 4차 산업혁명 시대는 서서히 다가오는 중이고 지금 이 순간에도 우리 생활 속에 스며들고 있다.

4차 산업혁명 시대란 무엇일까? _____

머릿속에 4차 산업혁명의 개념을 그릴 수 있다면 투자자로서 살아남는 것을 넘어 큰 부를 취할 수도 있다. 4차 산업혁명의 개념을 명확히 하기 위해 핵심 키워드를 중심으로 어떤 변화가 일어나고 있는지 파악하고 이를 어떻게 투자에 활용할지 생각해보는 것이 중요한 시점이다. 4차 산업혁명이라는 거대한 변화의 파도 위에 올라탈 수만 있다면 부를 거머쥘 수 있는 기회를 잡을 수 있다.

5G 통신

아래 [그림 3-1]을 보면 5G가 산업의 모든 영역을 둘러싸고 있으며 클라우드와 AI/빅데이터는 자율주행 자동차, 공유경제, 로봇 등 다른 분

그림 3-1 **4차 산업혁명 개념도**

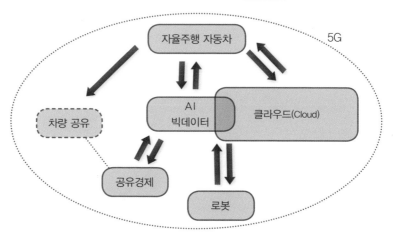

야와 연결되어 있다는 것을 알 수 있다. 4차 산업혁명 시대는 어느 한 분야가 독립적인 영역으로 분리되어 있는 것이 아니라 모든 영역이 상호 보완적인 관계를 맺고 연결되어 있다는 특징이 있다.

그중에서도 기본적인 환경으로 5G 통신 기반의 세상이 새롭게 열린다는 점에 주목할 필요가 있다. 5G 통신이 4차 산업혁명 시대의 기본 인프라로 거론되는 이유는 데이터 전송 및 처리 속도 면에서 기존의 4G LTE 통신과는 비교할 수 없을 정도로 빠른 속도를 보여주기 때문이다. 물론 4G LTE를 기반으로 한 지금도 인류는 여러 가지 변화를 경험했지만 5G 통신 인프라가 완전히 갖춰지고 나면 그 변화와 혁신의 속도는 더욱 빨라질 것으로 예상한다.

5G 통신이 4차 산업혁명의 기본 인프라가 된다는 것은 앞으로 세계 곳곳에 5G 통신 안테나가 설치되고, 5G 통신을 기반으로 한 상품들이 등장한다는 것을 의미한다. 한 예로, 삼성전자는 5G 통신 기반의 스마트폰인 '갤럭시 S10 5G'를 선보이면서 세계 최초로 5G 통신 스마트폰을 출시했다. 전 세계의 통신사들은 5G 통신 인프라 구축을 지속해 나갈 것이고, 이에 발맞춰 IT 기업들은 5G 통신 칩을 탑재한 제품을 속속 선보일 것이다. 이러한 변화 속에서 우리는 '5G 통신'과 관련된 산업 분야가 크게 성장할 것임을 짐작할 수 있다.

이런 추세에 발맞춰 세계 통신장비 점유율 1위인 화웨이는 5G 통신 칩 개발을 발 빠르게 진행해왔고, 2019년 9월 독일 베를린에서 열린 IFA 2019 행사에서 세계 최초로 '5G 통합 칩(Kirin 990)' 탑재 제품을 전시했다. 삼성전자 역시 5G 통신장비 시장 점유율을 빠르게 높여가는 동시에 세계 최초로 스마트폰용 '5G 통합 칩(Exynos 980)'을 개발하는 등 향후

5G 관련 시장에서 우위를 점하기 위해 노력하고 있다. 현재 통신 칩과 모바일 AP 분야 세계 1위 기업인 미국의 퀄컴 역시 5G 통합 칩 개발에 매진하고 있는 것으로 알려져 있다.

5G 통신 인프라가 구축되기 시작했고, 2020년부터는 스마트폰 시장에서 5G 통신 경쟁이 가속화되면서 기업들의 투자도 늘어날 것이다. 특히, 5G 통신은 스마트폰뿐만 아니라 자율주행 자동차, 스마트 공장과 같은 곳에서 더욱 중요한 인프라가 될 것이라는 전망이 있다. 그런 만큼 5G 통신 인프라가 구축되고 난 뒤에도 5G 통신이 가능한 제품에 대한 수요는 지속적으로 늘어날 것이라고 예상한다.

2019년 주식시장을 뜨겁게 달군 테마는 '5G 테마'였다. 5G 인프라 구축과 관련된 사업을 영위하는 기업들이 앞으로 얼마나 더 성장할 수 있을 것인가에 주목할 필요가 있다. 5G 시대에 대한 기대감 때문에 관련 기업들의 주가가 크게 상승한 만큼, 향후에는 실적이 주가 상승을 뒷받침해줄 만한 수준이냐에 따라서 주가에 희비가 엇갈릴 수 있다. 5G 통신 관련 대표적인 기업은 아래와 같다.

- 삼성전자: 5G 통신장비 및 통합 칩(반도체) 개발 공급.
- 퀄컴: 5G 통합 칩(반도체) 개발 및 공급. 모바일 AP 세계 시장 점유율 1위.
- 케이엠더블유: 무선 통신 관련 안테나, RF 부품을 삼성전자, 노키아 등에 공급.
- 오이솔루션: 고용량 데이터 송수신용 모듈을 삼성전자, 노키아, 에릭슨 등에 공급.
- RFHIC: 5G 통신용 증폭기 특허 보유 및 제품 생산/공급.
- 서진시스템: 기지국 케이스 제조업체. 삼성전자를 비롯한 국내 기지국 제조 업체에 공급.
- 에이스테크: 기지국 장비 및 부품 생산/공급. 삼성전자, 에릭슨 등에 공급.

이외에도 여러 기업이 있으니 관련 업종 투자에 관심이 있다면 증권사 리포트와 뉴스 등을 참고하기 바란다.

클라우드와 AI
그리고 빅데이터

　4차 산업혁명 시대에 가장 관심 있게 지켜봐야 할 분야는 클라우드 관련 기업이다. 앞서 살펴본 4차 산업혁명 개념도인 [그림 3-1]에서 볼 수 있듯이 클라우드와 AI/빅데이터가 결합되는 새로운 환경에 주목할 필요가 있다. 클라우드는 4차 산업혁명의 핵심적인 분야로서 5G 통신을 기반으로 우리 사회의 모든 것을 연결하는 허브 역할을 함과 동시에 데이터 집합 장소, 온라인 서비스가 이루어지는 공간 역할을 한다.

　클라우드 서비스는 기업에게 매우 중요하고 필요한 시스템이다. 지금도 많은 기업이 업무 효율성을 높이기 위해 클라우드 시스템을 도입하고 있다. 이런 추세에 맞춰 아마존, 마이크로소프트, 오라클, 구글, IBM과 같이 클라우드 서비스를 제공하는 글로벌 IT 기업들은 공격적으로 데이터 센터를 확장하면서, 보안이 강화된 클라우드 서비스, AI 기반의 클라우드 서비스 등 다양한 서비스를 개발, 제공하고 있다.

그림 3-2 클라우드 서비스 개념

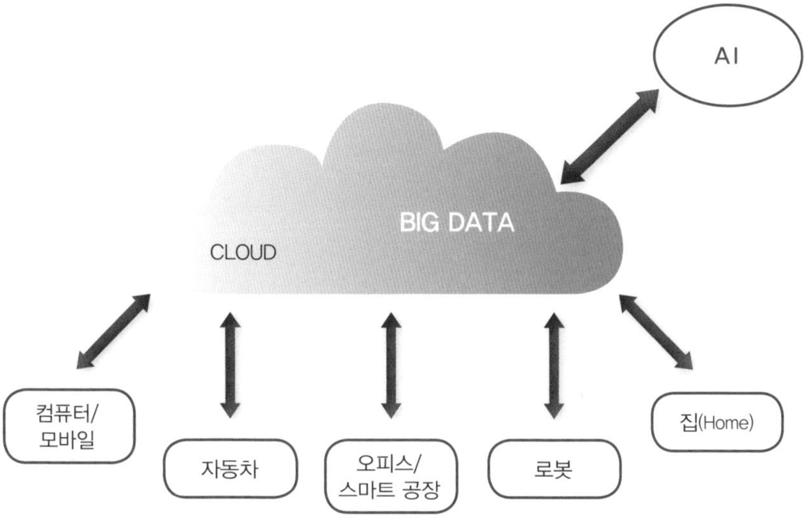

현재 클라우드 서비스는 기업 비즈니스에 초점이 맞춰져 있지만 향후에는 비즈니스를 넘어 우리 삶의 모든 영역이 클라우드로 연결될 것으로 본다. 위 [그림 3-2]에서 볼 수 있듯이 클라우드 시스템은 기본적으로 빅데이터를 기반으로 하고 있으며 언제 어디서나 누구라도 이 시스템을 활용할 수 있는 방향으로 발전할 것이다. 빅데이터 이용은 AI를 통해 효율적으로 이루어지게 되고, AI는 머신 러닝 기능을 기본적으로 탑재하게 된다.

클라우드는 컴퓨터와 모바일에 연결되며, AI/빅데이터와 자율주행 자동차를 연결하는 허브 역할을 하게 될 것이다. 또한 스마트 공장, 로봇, 집(HOME) 등도 클라우드 시스템을 통해 빅데이터/AI와 연결되는 등 4차 산업혁명 시대는 클라우드를 기반으로 세상이 펼쳐질 것이라고 해도 과언이 아니다.

그림 3-3 글로벌 퍼블릭 클라우드 시장 매출 추이

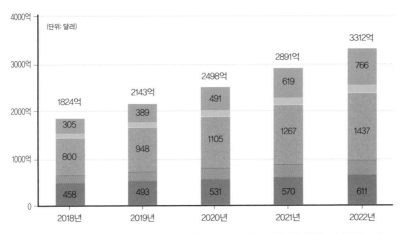

4000억

(단위: 달러)

3312억

766

3000억

2891억

619

2498억

491

2000억

2143억

389

1824억

305

1437

800

948

1105

1267

1000억

458

493

531

570

611

0

2018년　　2019년　　2020년　　2021년　　2022년

■ 클라우드 비즈니스 프로세서 서비스(BPaaS)　　■ 클라우드 애플리케이션 인프라 서비스(PaaS)
■ 클라우드 애플리케이션 서비스(SaaS)　　■ 클라우드 관리 및 보안 서비스
■ 클라우드 시스템 인프라 서비스(IaaS)

출처: Gartner

그림 3-4 국내 퍼블릭 클라우드 시장 매출 추이

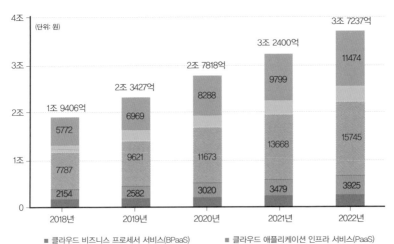

4조

(단위: 원)

3조 7237억

11474

3조

3조 2400억

9799

2조 7818억

8288

2조

2조 3427억

6969

1조 9406억

5772

15745

7787

9621

11673

13668

1조

2154

2582

3020

3479

3925

0

2018년　　2019년　　2020년　　2021년　　2022년

■ 클라우드 비즈니스 프로세서 서비스(BPaaS)　　■ 클라우드 애플리케이션 인프라 서비스(PaaS)
■ 클라우드 애플리케이션 서비스(SaaS)　　■ 클라우드 관리 및 보안 서비스
■ 클라우드 시스템 인프라 서비스(IaaS)

출처: Gartner

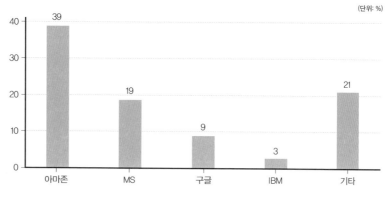

그림 3-5 세계 클라우드 시장 점유율(2019년 3분기 기준)

(단위: %)

출처: Synergy Research Group

그림 3-6 국내 클라우드 시장 분야별 점유율 상위 업체

(단위: %)

출처: IDC

클라우드는 모든 분야에서 활용될 것이기 때문에 관련 시장 역시 지속적으로 확장될 가능성이 매우 높다. 이에 따라 내로라하는 IT 기업들은 공격적으로 데이터 센터 확장에 나서고 있다. 한 기업이 클라우드 시스

템을 구축한 후 그것을 다른 업체의 서비스로 바꾸려고 하면 많은 시간과 돈이 필요하다. 그래서 한 번 고객은 영원한 고객이 될 가능성이 높다. 서비스 제공 기업으로서는 장기적인 수익원을 확보할 수 있게 되는 것이다. 이런 이유로 클라우드 시장을 선점하기 위해 많은 기업이 치열하게 싸우고 있다.

[그림 3-3], [그림 3-4]에서 확인할 수 있듯이 클라우드 시장은 앞으로 큰 폭의 성장세를 보여줄 것으로 예상된다. 현재 클라우드 시장에서 우위를 점하고 있는 아마존은 자사 클라우드 서비스인 아마존 웹서비스를 통해서 많은 수익을 올리고 있으며, 높은 시장 지배력 덕분에 지속적인 성장이 기대되고 있다. 마이크로소프트 역시 2014년 클라우드 전략을 발표하면서 애저(Azure)라는 클라우드 서비스를 선보였으며, 현재 아마존 웹서비스와 함께 클라우드 시장에서 2강 체제를 유지하고 있다. 그밖에 구글과 IBM 역시 클라우드 분야에 공격적인 투자를 진행하면서 시장 점유율을 높이기 위해 노력하고 있다.

국내 기업들은 현재 국내외 클라우드 시장에서 큰 두각을 나타내고 있지 못하지만 지속적으로 관심을 가질 필요는 있다. 네이버의 경우 외국 기업과의 협업을 통한 클라우드 서비스를 제공하고 있고 데이터 센터 확장을 위한 투자를 진행하는 등 여러 가지 면에서 빠른 움직임을 보이고 있다. 또 최근 삼성SDS가 클라우드 사업 확장을 발표하면서 서비스 영역에 집중 투자하겠다는 포부를 밝혔다는 점에서 앞으로의 행보를 기대해볼 만하다. 그리고 국내 중견기업인 더존비즈온은 소프트웨어 서비스 분야에서 비교적 상위권에 이름을 올리고 있다는 것을 [그림 3-6]에서 확인할 수 있다. 이런 점에 비춰볼 때 국내 기업들도 성장하는 클라우드 시장에서 발 빠르게 움직이고 있다는 사실을 알 수 있다.

클라우드 시장은 지금 한창 성장하고 있고 앞으로 그 파이가 급격히 커질 전망이기 때문에 현재 시장에서 우위를 점하고 있거나 투자를 확대하고 있는 기업들을 주목할 필요가 있다. 기업 클라우드 시장의 경우 한 기업이 큰돈을 들여 시스템을 구축해놓으면 나중에 그 시스템을 다른 회사의 서비스로 바꾸기가 쉽지 않기 때문에 시장을 선점하는 기업들이 향후 큰 수익을 안정적으로 보장받을 가능성이 높다는 점을 명심해야 한다.

○ **머신 러닝(Machine learning):** AI 컴퓨터가 스스로 학습하는 기능. 수집된 데이터를 바탕으로 AI가 스스로 분석하고 학습하는 과정을 거치면서 기능이 더욱 발전해가는 것을 의미한다. 좁은 의미로는 딥 러닝(Deep learning)이라는 개념이 있다.

○ **퍼블릭 클라우드(Public Cloud):** 특정 기업이나 특정 사용자를 위한 서비스가 아닌 인터넷에 접속 가능한 모든 사용자를 위한 클라우드 서비스. 데이터, 기능, 서버와 같은 자원은 각 서비스에서 사용자별로 관리되므로 사용자 간 간섭이 없다.

○ **프라이빗 클라우드(Private Cloud):** 제한된 네트워크 상에서 특정 기업이나 특정 사용자만을 대상으로 하는 클라우드 서비스. 클라우드 자원과 데이터는 기업 내부에 저장되는 것을 특징으로 한다. 따라서 보안성이 뛰어나며, 개별 고객의 상황에 맞게 클라우드 기능이 커스터마이징될 수 있다는 장점이 있다.

○ **하이브리드 클라우드(Hybrid Cloud):** 외부 사업자가 제공하는 클라우드 서비스와 자체 인프라를 함께 사용하는 클라우드. 서비스 구동은 퍼블릭에서, 데이터 보관이나 로컬 서비스는 프라이빗 형태로 운영하면서 퍼블릭 클라우드와 프라이빗 클라우드의 장점을 최대한 활용할 수 있다.

클라우드 시장에서 두각을 나타내는 기업으로는 아래와 같은 기업이 있다.

- 아마존: 세계 1위 클라우드 업체다. 아마존은 자신들의 물류 시스템을 활용해서 클라우드 사업을 시작했으며 지속적으로 영향력을 확대하고 있다.

- 마이크로소프트: 오랫동안 주가가 부진했지만, 2014년 '클라우드 전략'을 발표한 이후 빠른 속도로 주가가 상승하기 시작했다. 현재 세계 2위의 클라우드 업체로 자리 잡고 있으며, 아마존을 위협할 만한 유일한 존재로 인식되고 있다.

- 구글: 최근 구글 클라우드에 막대한 투자를 진행하고 있으며, 시장 점유율이 빠르게 올라가면서 명실공히 세계 3위 업체로 자리를 공고히 하고 있다.

- NAVER: 국내 대표 인터넷 기업으로서 클라우드 사업에 막대한 투자를 하고 있다. 세계관세기구(World Customs Organization)가 네이버 클라우드 시스템을 채택하는 등 비약적인 성과를 거두고 있다.

- 더존비즈온: 기업 자원 관리(ERP, Enterprise Resource Planning) 시장에 주력하는 국내 중견기업으로 국내 시장에서 높은 경쟁력을 갖추고 있다.

이외에도 여러 기업이 있으니 관련 업종 투자에 관심이 있다면 증권사 리포트와 뉴스 등을 참고하기 바란다.

자율주행 자동차, 전기차와 수소전기차

자율주행 자동차는 4차 산업혁명 시대의 가장 큰 먹거리가 될 수 있다. 자동차 산업은 지금도 제조업의 꽃으로 불리면서 국가 경제와 산업 전반에 미치는 영향력이 크지만, 앞으로 자율주행 자동차가 우리 사회 다양한 분야에 미치는 영향력은 더욱 확대될 것이다.

자율주행 자동차는 5G 통신, AI, 빅데이터, 반도체 기술, 자동차 제조기술 등 다양한 분야의 최고 기술이 접목된 첨단 기술의 집합체가 될 가능성이 높다. 첨단 기술의 집합체라는 점에서 자율주행 자동차는 전통적인 자동차 기업뿐만 아니라 글로벌 공룡 IT 기업들도 눈독을 들이는 영역이 되었다. 구글은 오래전부터 자율주행 자동차 개발을 위해 소프트웨어 분야에 집중 투자해왔고, 그 결과 구글 웨이모는 현재 세계에서 가장 뛰어난 자율주행 자동차 기술을 보유하고 있다. 구글은 기술적인 우위를 바탕으로 자율주행 자동차 시장을 선점하기 위해 미국 디트로이트에 자율주행 자동차 양산을 위한 공장을 설립한다고 밝혔고, 2018년 12월에는 미국 애리조나 주에서 무인 택시 서비스를 선보이기도 했다. 애플 역시 프로젝트 타이탄(Project Titan)이라는 자율주행 자동차 개발 프로그램을 진행 중인 것으로 알려져 있으며, 연구/개발 인력을 충원하기 위해 미국의 전기차 기업인 테슬라의 우수 엔지니어를 대거 스카우트했는데, 이 때문에 애플과 테슬라 두 회사 사이에 갈등이 빚어지기도 했다.

글로벌 공룡 IT 기업들이 자율주행 자동차 시장에 뛰어드는 이유는 크게 두 가지다. 첫째는 자율주행 자동차가 미래에 펼쳐질 4차 산업혁명 시대의 큰 먹거리가 될 가능성이 높기 때문이고, 둘째는 자율주행 자동차에서 중요한 것은 자동차 제조 기술이 아닌 IT 기술이라는 점 때문이다. 여기에서 말하는 IT 기술이란 자율주행 프로그램인데, 이것은 빅데이터 기반의 AI 기술이 핵심이다. 즉, AI와 빅데이터가 자율주행 자동차에서 가장 핵심적인 부분인 것이다.

구글 웨이모가 자율주행 자동차 분야에서 현재 세계 최고라고 하는 데는 여러 가지 이유가 있지만, 그중에서 두 가지를 꼽는다면 오래전부터

표 3-1 글로벌 자율주행 기술 순위

1위	구글 웨이모	6위	폭스바겐 그룹
2위	GM	7위	다임러-보쉬
3위	포드	8위	바이두
4위	앱티브	9위	도요타
5위	인텔-모빌아이	10위	르노-닛산-미쓰비시

출처: 내비건트리서치(2019)

자율주행 시스템을 장착한 자동차를 운행하면서 자율주행 기술을 정교하게 발전시켰다는 점과 구글이 세계 최고의 AI 기술을 보유하고 있다는 점을 들 수 있다. 또한 구글은 차량 공유 서비스 업체인 우버(Uber)와 리프트(Lyft) 등에 투자하기도 했는데, 이 역시 자율주행 자동차 시스템에 활용하기 위한 빅데이터 수집의 일환으로 볼 수 있다.

향후 자율주행 자동차는 무인 택시, 무인 버스 등 대중교통 분야와 무인 트럭 등의 장거리 운송, 물류 서비스 영역에 큰 영향을 미치게 될 것이다. 현재 전 세계적으로 공유 차량 서비스 이용자 수가 지속적으로 늘어나고 있는데, 이러한 공유 차량을 이용하는 사람들이 무인 택시, 무인 버스 등의 자율주행 자동차를 이용할 잠재적 고객이라고 할 수 있다. 지금은 공유 차량 서비스나 택시를 이용하기 위해 차량을 호출하면 사람이 운전하는 차량이 오지만, 자율주행 자동차가 일상화되면 무인 택시가 호출 위치까지 달려오는 시대가 올 것이다.

무인 버스의 출현은 버스 기사를 필요로 하지 않는다는 점에서 24시간 이용 가능한 대중교통 시대를 열어줄 것이다. 무인 버스는 최근 우리나라가 시행하기 시작한 52시간 근무에 따른 버스 기사 인력 부족 문제, 운전기사 피로 누적 등으로 인한 사고 발생을 원천적으로 차단하는 역할을 하게 될 것이다.

물류/운송 업계에 무인 트럭이 몰고 올 큰 변화도 기대해볼 만하다. 이미 테슬라를 비롯한 여러 기업들은 '무인 트럭'을 활용한 운송 서비스 시장의 문을 두드리고 있다. 무인 트럭으로 인해 장거리 물류, 운송 서비스 시장에서 인건비가 차지하는 부분이 크게 줄어들 것으로 예상되고 있으며, 인건비 절감에 따른 물류비 감소는 업체들의 이익률 상승으로 이어지고, 궁극적으로 소비자들이 누릴 수 있는 혜택도 커질 것이라는 전망이 있다.

4차 산업혁명 시대의 자동차는 새로운 공간으로 재탄생하게 될 것이다. 사람이 운전을 하지 않는 대신 자동차에서 게임, 업무, 공부 등 다양한 일을 할 수 있게 된다. 힘든 업무를 마치고 집으로 돌아가는 누군가에게는 휴식을 위한 편안한 공간이 될 수도 있다.

자율주행 자동차 시대로의 전환은 지금도 서서히 진행 중이다. 전문가들은 2030년쯤 되어야 레벨4 이상의 시스템을 탑재한 본격적인 자율주행 자동차 시대가 열릴 것으로 예상하고 있다. 여기서 우리가 주목해야할 사실은 자율주행 자동차가 '전기차'를 기반으로 한다는 점이며, 본격적인 자율주행 자동차 시대(레벨4 이상의 시스템이 탑재된 자동차가 상용화

표 3-2 미국 자동차공학회(SAE)의 자율주행 단계

0단계	• 자율주행 기능 없는 일반 차량 • 사람이 모든 운전 조작을 담당
1단계	• 자동 브레이크, 자동 속도 조절 기능 등의 운전 보조 기능 • 사람이 운전, 운전 보조장치 작동
2단계	• 부분 자율 운전, 운전자의 전방 주시 필요 • 운전자가 핸들과 가속 페달, 브레이크 등을 사용하지 않고 주행
3단계	• 조건부 자율주행, 자동차가 안전 기능 제어 • 운전자 제어가 필요할 경우(돌발 상황) 운전자 개입 요구 신호 발생
4단계	• 고도의 자율주행, 주변 환경과 관계없이 운전자 제어 불필요 • 운전자 탑승, 자율주행 자동차가 모든 운전 기능 제어
5단계	• 완전 자율주행, 사람이 탑승하지 않는 무인 자동차 • 무인 택시, 무인 버스 등

출처: PwC

되는 시기)에 앞서 레벨2, 레벨3 등의 기술을 탑재한 자동차의 상용화와 함께 전기차 시장이 커지면서 진정한 자율주행 자동차(레벨4 이상) 시대를 준비할 것이라는 점이다. 이것이 바로 지금 투자자가 전기차 시장을 눈여겨봐야 하는 이유다.

전기차(EV)와 수소전기차(FCEV)

현재 전 세계 자동차 시장의 화두는 단연 전기차다. '2019 프랑크푸르트 모터쇼'에서 내로라하는 자동차 기업들이 전기차와 수소전기차를 선보이면서 큰 관심을 모았다. 전기차는 화석 연료 고갈과 환경오염을 줄이기 위한 대안으로 크게 주목받았지만, 궁극적으로 자율주행 자동차의 기본 프레임이기 때문에 글로벌 자동차 기업들은 전기차와 자율주행 시스템 개발에 많은 투자를 하고 있다.

다음 [그림 3-7]을 보면, 앞으로 전기차 시장이 큰 폭으로 성장할 것으로 예상할 수 있으며, 성숙기에 접어들면 높은 수준(레벨4, 레벨5)의 자율주행 자동차 시장도 큰 폭으로 성장할 것으로 전망되고 있다.

전기차 시대로의 전환은 자동차 시장의 획기적인 변화라고 할 수 있다. 우리가 눈여겨봐야 할 것은 기존 내연기관 자동차와 전기차의 차이점이다. 가장 큰 차이는 전기차에는 엔진 대신 모터가 들어간다는 점과 내연기관 자동차보다 적은 수의 부품이 사용된다는 점이다(2~3만 ▶ 1만 ~1만 5천 개). 부품 개수가 줄어드는 대신 전장 부품의 중요성이 높아진다는 점에 주목할 필요가 있다. 또한 전기차에서는 배터리가 가장 큰 비중을 차지한다는 점도 눈여겨봐야 한다.

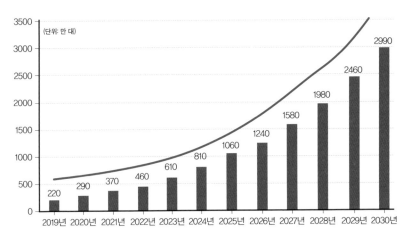

그림 3-7 세계 전기차 시장 전망

(단위: 만 대)

출처: bloomberg, 2018.

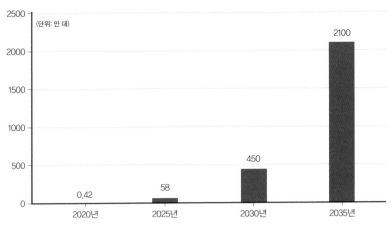

그림 3-8 레벨4, 레벨5 자율주행 자동차 시장 전망

(단위: 만 대)

출처: PwC, 2017.

현재 전기차 배터리 시장에서는 치열한 경쟁이 벌어지고 있다. [그림 3-9]에서 볼 수 있듯이 중국의 배터리 제조사 CATL과 일본의 파나소닉

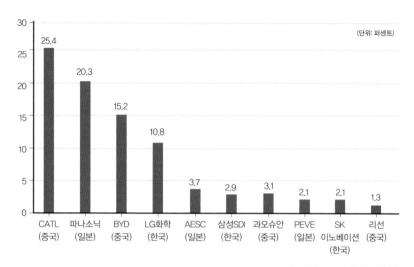

그림 3-9 세계 전기차 배터리 시장 점유율

(단위: 퍼센트)

CATL (중국) 25.4
파나소닉 (일본) 20.3
BYD (중국) 15.2
LG화학 (한국) 10.8
AESC (일본) 3.7
삼성SDI (한국) 2.9
과오슈안 (중국) 3.1
PEVE (일본) 2.1
SK 이노베이션 (한국) 2.1
리선 (중국) 1.3

출처: SNE Research, 2019년 5월 기준

이 글로벌 1위 자리를 놓고 다투고 있으며, 그 뒤를 중국의 비야디(BYD)와 한국의 LG화학이 자리하고 있다. 우리나라 기업 중 글로벌 시장에서 두각을 나타내고 있는 기업은 LG화학과 삼성SDI 그리고 후발 주자로서 공격적인 투자를 진행하고 있는 SK이노베이션이다.

현재 전기차 배터리 시장에서는 일본의 파나소닉과 미국의 테슬라가 손잡고 '기가팩토리'라고 불리는 전기차 배터리 생산 공장을 지어 다량의 배터리를 생산하면서 테슬라 전기차에 탑재하고 있다. 중국의 전기차 제조사인 비야디는 글로벌 3위에 이름이 올라 있다. 독일의 폭스바겐도 전기차 시대로의 원활한 진입을 위해 전기차 배터리 생산 공장을 지어 전기차 배터리를 자체 조달하겠다고 선언했다. 일본의 도요타 역시 파나소닉과 손잡고 전기차 배터리 합작사를 설립한다고 밝히기도 했다.

자동차 제조 기업들은 원활한 전기차 생산을 위해 배터리 공장을 직접 소유하거나 합작사 설립을 원하고 있다. 자동차 제조 기업들이 전기차 배터리를 자체 생산하여 탑재할 경우, 비용 절감 효과를 누리면서 최적화된 자동차 성능을 보여줄 수 있다는 점에서 이런 추세는 가속화될 것으로 보인다. 전기차 시장의 파이가 커지면서 배터리 수요가 많아지겠지만, 자동차 제조사들이 배터리를 자체 조달하는 방향으로 움직이고 있다는 것은 장기적으로 봤을 때 전문 배터리 생산 기업들의 매출이 줄어들 수도 있다는 의미이다. 개인투자자들은 이런 흐름을 염두에 두면서 자동차 기업과 배터리 기업들의 합작 소식이나 배터리 자체 조달 소식에 귀를 기울여야 한다.

자동차 부품과 관련한 부분도 전기차 시대로의 전환이 가속화되면서 큰 변화를 맞이하고 있다. 엔진이 사라지고 모터가 그 자리를 대신하고, 부품의 개수가 절반 수준으로 줄어들면서 자동차 생산 공정이 단순화되고 있으며 이에 따라 자동차 업계 전반에 구조조정이 진행되고 있다.

자동차 기업들의 공장 폐쇄나 감원은 변화에 적응하기 위한 선제적인 움직임으로 전 세계적인 추세이다. 미국의 포드는 약 7,000명, 일본의 닛산은 1만 2,500명, 독일의 폭스바겐은 전 세계 생산 공장에서 7,000명 정도의 인원을 줄인다고 밝힌 바 있다. 한국의 르노삼성 공장, GM대우 공장의 구조조정도 이와 같은 맥락으로 볼 수 있다. 현대기아차가 중국 공장을 폐쇄하고 중국 기업에 공장을 장기 임대한 것 역시 인력 구조조정의 일환이라고 볼 수 있다. 기업들이 구조조정을 통해 몸집을 줄이게 되면 인건비 지출이 줄어들면서 수익성은 좋아진다. 이 때문에 구조조정 소식은 장기적인 관점에서 볼 때 투자자들에게는 긍정적인 소식이다.

한편 자동차 부품을 생산하는 업체(전장 기업) 중에서 일찌감치 전기차 시대로의 전환을 준비해온 기업들을 주목할 필요가 있다. 전기차, 자율주행 자동차 시대는 첨단 IT 부품들이 자동차에 탑재될 것이므로 부품의 중요성은 더욱 커지게 된다. 부품 단가 상승이 일어나면 시대 변화에 잘 적응한 기업들의 매출이 늘어날 여지가 크다. 이런 면에서 한국 자동차 부품 기업인 현대모비스, 만도 등은 일찌감치 전기차 시대를 준비해왔고 최근 긍정적인 결과물을 보여주고 있다는 점에 주목해야 한다. 또한 현대기아차가 전기차 시대로의 전환을 가속화하고 있다는 점에서 전기차 부품 기업들과의 시너지 효과를 기대해볼 만하다. 그리고 대기업과 협력하여 전기차, 자율주행 차량을 위한 카메라, 레이더 등 각종 센서를 개발, 공급하는 중소 자동차 부품 기업들도 큰 성장이 기대되기 때문에 꾸준한 관심을 가질 필요가 있다.

한편 '2019 프랑크푸르트 모터쇼' 이후 수소전기차(FCEV)에 대한 관심이 높아졌다. 수소전기차 분야는 현대차, 도요타, 혼다 등 3사가 기술적으로 가장 앞선 것으로 평가받고 있지만, 전기차 시장에 비해 그 규모가 작고 충전소 설치 비용이 많이 든다는 점, 차량 가격이 비싸다는 점 등 전기차에 비해 불리한 점이 많아 그동안 주목받지 못했다. 하지만 다임러(메르세데스-벤츠 모회사), BMW 등 독일 기업들이 그동안 소극적이었던 수소전기차 시장에 대한 태도를 적극적으로 바꾸면서 주목받기 시작하고 있다.

수소전기차는 한 번 충전 시 전기차보다 주행 거리가 길다는 점에서 장거리 운송용 차량에 적합한 것으로 알려져 있다. 따라서 향후 장거리

버스, 운송용 트럭 등 대형 차량에는 수소연료가 장착될 가능성이 높아지고 있다. 유럽은 국경을 넘나드는 장거리 버스, 트럭 등이 많다는 점에서 시장 성장 가능성이 충분하고, 버스와 트럭의 원활한 운행을 위해 주요 거점 도시 주변에만 수소전지 충전소를 설치한다면 충전소 설치 비용 문제도 어느 정도 해결할 수 있을 것으로 보인다. 따라서 개인용, 도심용 차량은 전기차, 장거리 운송용 차량은 수소전기차를 채택하는 이원화 과정을 거칠 것으로 예상할 수 있다.

- FCEV(Fuel Cell Electric Vehicle): 수소연료전지를 탑재하여 모터로 주행하는 자동차. 흔히 수소전기차로 부른다.

- EV(Electric Vehicle): 배터리에 축적된 전기로 움직이는 자동차. 흔히 전기차로 부른다.

- PHEV(Plug-in Hybrid Electric Vehicle): 하이브리드카와 전기차의 중간 단계로, 전기 모터와 석유 엔진을 함께 사용해 달리는 자동차.

주목 이 종목

자율주행 자동차/전기차와 관련해서는 다음과 같은 기업을 예로 들 수 있다. 자율주행 자동차의 핵심은 도로 주행 빅데이터와 AI라는 점을 꼭 기억하자.

- 구글: 구글 웨이모는 자율주행 자동차 관련 분야 최고 기술을 가진 것으로 평가받고 있으며, 모회사 구글은 세계 최고의 AI 기술을 보유하고 있다.

- 리프트: 미국 시장 2위의 차량 공유 업체. 2017년 구글은 리프트에 10억 달러(약 1조 2천억 원)를 투자했다.

- 현대차: 도요타, 혼다 등과 함께 수소차 분야에서 가장 우수한 기술력을 가진 것으로 평가받고 있다. 2019년 9월에는 세계 4위의 자율주행 자동차 기술을 가진 앱티브와 합작회사를 설립한다고 발표했다.

- 현대모비스: 현대차그룹의 자동차 부품 관련 계열사이다. 전기차 시대로의 전환을 성공적으로 진행하면서 시장에서 긍정적인 평가를 받고 있다.

- 만도: 자동차 부품 전문 기업으로, 전기차 시대에 주목받고 있는 기업 중 하나이다.

- LG화학: 세계 전기차 배터리 시장 점유율 4위, 국내 1위 업체이다. 미국, 유럽, 중국 등에 배터리 생산 공장을 지으면서 공격적으로 생산 능력을 키워나가고 있으며, 현대차와 협력하여 배터리 공장을 짓는다는 발표를 하기도 했다.

- 삼성SDI: 세계 전기차 배터리 시장 점유율 6위 기업이다. 유럽, 중국 등에 공장을 증설하고 있으며 독일의 BMW 등과 협력하고 있다.

- 일진머티리얼즈: 2차 전지용 동박을 생산하는 기업이다. 말레이시아 공장 증설로 동박 생산능력이 점차 향상되고 있다.

- SKC: 2차 전지 소재인 동박을 생산하는 업체 KCFT를 인수하면서 2차 전지 사업에 본격적으로 뛰어들었다. 2022년까지 동박 생산능력을 2배로 끌어올릴 것이라고 한다.

- 천보: 2차 전지용 전해질과 프리미엄 리튬염을 생산하는 업체이다. 전기차 배터리 시장이 성장함에 따라 이익이 늘어나고 있는 기업 중 하나이다.

이외에도 여러 기업이 있으니 관련 업종 투자에 관심이 있다면 증권사 리포트와 뉴스 등을 참고하기 바란다.

공유경제와
렌털 문화

공유경제는 4차 산업혁명 시대의 중요 분야 중 하나라고 할 수 있다. 과거에는 개인이 가진 잉여자원을 활용할 방법이 없었지만 IT 기술의 발달로 잉여자원을 활용할 수 있도록 하는 플랫폼이 등장했고, 이제는 다양한 분야에서 공유경제가 활성화되고 있다.

공유경제의 핵심은 사용자가 직접 소유하는 것이 아니라 필요할 때 필요한 만큼만 빌려 쓴다는 데 있다. 빌려주는 사람은 일정한 금전적 이익을 취할 수 있어서 좋고, 쓰는 사람은 큰돈 들이지 않고 필요한 만큼만 사용하면서 적은 비용을 지불한다는 점에서 합리적이고 효율적인 경제생활을 하고 있다는 만족감을 얻을 수 있다.

공유 서비스 이용은 세계적인 추세가 되었다. 공유경제 시장에는 지금도 많은 기업이 공유 서비스 사업을 진행하면서 몸집을 불리고 있다. 대표적인 분야로 숙박 공유, 오피스 공유, 차량 공유 시장 등이 있으며 공유경제 분야는 점점 확대되어 가는 추세이다. 숙박 공유의 대표적인 기업은 에어비앤비(AirBnB)가 있고, 오피스 공유에는 위워크(WeWork), 차량 공유 시장에서는 미국의 우버(Uber)가 가장 영향력이 크고, 리프트(Lyft)가 미국 시장에서 2위를 달리고 있다. 그 외에 중국의 디디추싱(DiDiChuxing), 인도의 올라(OLA), 동남아의 그랩(Grab), 브라질의 99가 해당 지역의 차량 공유 시장에서 압도적인 우위를 점하고 있다. 우리나라에서는 타다가 차량 공유 서비스를 제공하고 있는데, 택시 업계와 갈등을 빚으면서 사회적 이슈로 떠오르기도 했다.

공유경제는 다양한 분야로 서서히 퍼져나가고 있지만 유독 차량 공유 서비스와 관련된 뉴스가 자주 등장한다. 그 이유는 차량이 일상생활을 영위하는 데 없어서는 안 될 필수품으로 자리 잡았기 때문이며, 향후 차

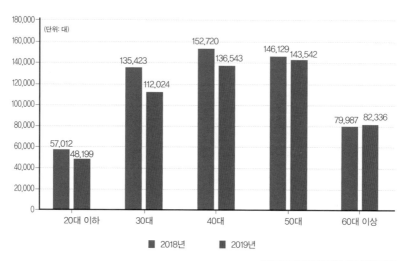

그림 3-10 국내 연령대별 승용차 신규 등록 현황 연도별 비교

출처: 한국자동차산업협회(각 연도 상반기 기준)

량 공유 시장이 가장 돈이 될 만한 시장이고 우리의 삶을 크게 바꾸게 될 중요한 분야라는 반증이다.

전 세계적으로 차량 공유 서비스 이용자 수는 매년 증가하고 있으며, 우리나라도 20~30대를 중심으로 차량 공유 서비스를 이용하는 사람들이 늘어나고 있다. 이와 대조적으로 20~40대 젊은 층의 차량 구매 비율은 감소하고 있다([그림 3-10]). 차량 공유 서비스 시장이 확대되자 세계적인 자동차 기업들도 발 빠르게 움직이고 있다. 독일의 BMW와 다임러는 유럽에서 각각 Drivenow(BMW)와 Car2go(다임러)라는 카쉐어링 업체를 운영하고 있고, 현대기아차는 인도의 올라, 동남아의 그랩 등에 투자하는 것 외에 차량 렌털 서비스를 론칭하면서 간접적으로 차량 공유 서비스 시장에 뛰어들었다.

차량 공유 시장은 자동차 시장의 변화와 맞물리면서 전기차 시대에 완전히 자리 잡게 될 것이고, 자율주행 자동차 시대에 그 꽃을 피우게 될 것이다. 차량 공유 서비스 시장의 성장은 자동차 판매량이 줄어들 수 있다는 점에서 자동차 제조 기업에는 악재일 수도 있다. 하지만 자동차 제조 기업들이 선제적으로 차량 공유 서비스 시장에 뛰어들고 있다는 점은 주목해야 한다. 자동차 기업들이 자동차 제조 능력 우위를 바탕으로 차량 공유 서비스 운영에 관한 노하우를 축적하고, 차량 운행 정보에 관한 빅데이터를 충분히 모으면서 자율주행 자동차 시대를 준비한다면 자율주행 레벨 2~3단계 전기차 시대와 레벨4 이상 자율주행 자동차 시대에 큰 수익을 챙겨갈 여지가 많다.

공유경제 시장의 확대는 자연스럽게 렌털 서비스 시장의 성장으로 이

그림 3-11 국내 렌털 시장 규모

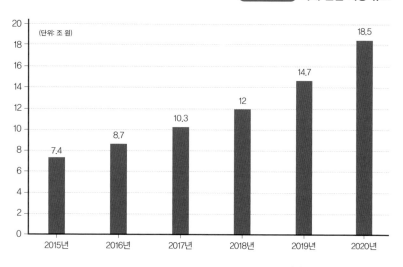

출처: 디지에코(www.digieco.co.kr)

어지고 있다. [그림 3-11]에서 볼 수 있듯이 국내 렌털 시장 규모는 지속적으로 성장해왔으며, 특히 최근 들어서 B2C 거래, 즉 개인 렌털 시장의 비중이 커지고 있다. 렌털 서비스는 오래전부터 있었지만 최근 공유경제의 활성화, 욜로족(YOLO족, You Only Live Once), 1인 가구 증가 등의 사회 트렌드와 맞물리면서 시장이 가파르게 성장하고 있다.

이런 현상은 사람들의 소비 욕구 변화와 관련이 있다. 과거에는 물건의 소유 개념을 중요하게 여겼다면 지금은 물건을 사용한다는 것 자체에 관심을 둔다. 많은 비용을 들여 물건을 구매하고 오래 사용하던 과거와 달리 비교적 적은 돈으로 여러 가지 새로운 제품을 사용하는 것에 더 많은 가치를 두는 쪽으로 세태가 변하고 있다. 렌털 서비스는 시즌별로 이용할 수 있고 사후 관리 측면에서도 편하다는 점, 주거 형태의 변화 등과 맞물리면서 시장이 점점 커지고 있는 것이다.

　기업들도 새로운 트렌드에 맞춰 여러 가지 서비스를 내놓고 있는데, 현대차가 선보인 월 72만 원짜리 차량 렌털 서비스도 대표적인 예 중 하나라고 할 수 있다. 현대차는 별도의 추가 비용 없이 한 달에 72만 원을 내면 세 종류의 차량을 번갈아가면서 탈 수 있는 서비스를 선보였는데, 대기 번호를 받아야 할 정도로 인기가 높다고 한다. 또한 겨울철과 봄철에 미세먼지 농도가 높은 날이 많아지면서 공기청정기 렌털 수요가 늘어나고 있고 이에 발맞춰 가전업체들은 앞다투어 공기청정기 렌털 서비스를 제공하고 있다. 또한 가전제품뿐만 아니라 생활용품, 가구, 그림, 반려동물 용품, 의류 등 일상생활에 사용되는 모든 물건이 렌털 시장에 진입하고 있다는 사실을 주목하자.

- 공유경제(Sharing economy): 물건이나 공간, 서비스를 빌리고 나눠 쓰는 인터넷/모바일 기반의 사회 경제 모델. 물건을 소유의 개념이 아닌 대여와 차용의 개념으로 인식한다.

- 욜로(YOLO): '인생은 한 번뿐이다'를 뜻하는 'You Only Live Once'라는 말을 줄인 것으로, 현재 자신의 행복을 가장 중시하여 소비하는 태도를 일컫는다. 비슷한 맥락에서 쓰이는 말로 '소확행(작지만 확실한 행복)'이 있다.

공유경제 바람이 거세게 일고 있다. 가전제품은 소형, 대형 가릴 것 없이 뭐든지 빌려서 사용하는 시대가 되었다. 또한 자동차 시장 역시 공유를 넘어 차량 렌털 서비스가 활성화되고 있다. 완성차 업체들도 차량 렌털 시장에 뛰어들면서 '렌털'이 일상화되고 있다. 이와 관련한 국내외 기업으로 다음과 같은 기업이 있다.

- 우버: 스마트폰을 기반으로 한 미국의 승차 공유 서비스 업체이다. 세계 1위 업체이며, 뉴욕증권거래소에 상장되었다.

- 웅진코웨이: 국내 렌털 시장 1위 사업자이다. 정수기 렌털 사업으로 유명하며 공기청정기, 비데, 연수기 등 다양한 제품 포트폴리오를 갖추고 있다.

- 쿠쿠홈시스: 밥솥으로 유명한 쿠쿠의 렌털 사업 부문 기업이다. 과거 정수기 렌털 사업을 주력으로 했으나 최근 공기청정기를 비롯하여 소형 가전을 중심으로 포트폴리오를 넓혀가고 있다.

- LG전자: 국내에서 높은 인지도를 지니고 있는 기업으로서 자사 제품의 높은 인지도를 바탕으로 렌털 사업을 지속적으로 확장시켜 나가고 있다.

이외에도 여러 기업이 있으니 관련 업종 투자에 관심이 있다면 증권사 리포트와 뉴스 등을 참고하기 바란다.

산업용 로봇과
서비스 로봇

　4차 산업혁명 시대로 접어들면서 가장 주목받는 분야 중 하나로 로봇을 꼽을 수 있다. 그동안 산업용 로봇이 로봇 시장에서 핵심적인 역할을 해왔고 산업 현장에 배치되면서 산업 생산성 향상이라는 결과물을 만들어 왔다면, 앞으로는 우리 생활과 밀접한 관련이 있는 서비스 로봇 시장의 성장을 기대해볼 만하다.

　서비스 로봇 시장에서 최근 주목받고 있는 분야는 의료용 로봇의 등장이며, 구조용 로봇, 전투용 로봇, 돌보미 로봇 등 인간 대신 위험한 일을 해주는 로봇에서부터 수술을 대신하고 요양원에서 환자를 돌보는 로봇에 이르기까지 다양한 분야에서 인간을 대체할 로봇이 만들어지고 있다.

　이런 점 때문에 '로봇이 인간을 대체할 수 있을까?'라는 의문은 많이 해소되고 있다. 전문가들은 많은 분야에서 로봇이 인간을 대체할 것으로 보고 있다. 지금까지의 로봇, 특히 산업용 로봇은 단순한 작업을 반복하

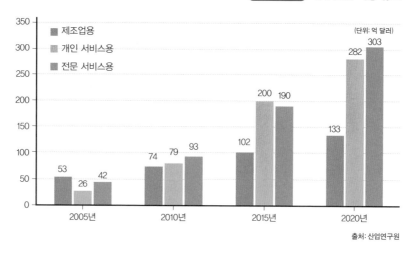

그림 3-12 세계 로봇 시장 규모

■ 제조업용
■ 개인 서비스용
■ 전문 서비스용

(단위: 억 달러)

2005년: 53, 26, 42
2010년: 74, 79, 93
2015년: 102, 200, 190
2020년: 133, 282, 303

출처: 산업연구원

도록 프로그래밍되어 있지만 서비스 로봇, 그중에서도 다양한 임무를 띤 휴머노이드 로봇은 해당 분야의 빅데이터를 기반으로 한 AI가 탑재될 것이라는 점에서 인간과 비슷한 수준의 업무 수행 능력을 보여주거나 때로는 더욱 뛰어난 능력을 발휘할 수도 있다.

지난 2016년 3월, 세계 최고의 인간 바둑기사라고 불리던 이세돌을 물리친 구글 딥마인드의 AI 바둑기사 '알파고'가 있다. 그런데 1년 반이 지난 2017년 말에 등장한 AI 바둑기사 '알파고 제로'는 이세돌을 꺾은 '알파고'와의 바둑 대결에서 100전 100승을 거둘 만큼 기량이 향상되었다. 인류가 5천 년 동안 쌓아온 바둑 지식을 단 36시간 만에 학습하고 그것을 뛰어넘어 더 높은 경지에서 새로운 전략을 창조해낸 AI가 바로 '알파고 제로'이다. 이처럼 인류를 월등히 능가하는 AI가 탑재된 로봇이 등장하는 것은 시간문제일 뿐이다. 로봇 자체로는 큰 의미가 없지만 빅데이터를 기반으로 한 AI가 탑재된 로봇은 인간의 능력을 뛰어넘는 존재가 된다는 사실에 주목해야 한다. 빅데이터 기반의 AI(소프트웨어)와 정밀한 움직임이 가능한 휴머노이드 로봇(하드웨어)이 만날 때 그 시너지 효과와 파급력은 엄청날 것이다. 따라서 로봇 산업과 관련해서 투자자가 주목해야 할 분야는 두 가지로 압축할 수 있다. 하나는 소프트웨어 분야이고 다른 하나는 하드웨어 분야이다.

소프트웨어 분야, 즉 AI 분야는 구글이 세계 최고 수준의 기술력을 가지고 있다. 애플과 아마존, MS, IBM과 GE 등 미국의 내로라하는 기업들도 AI 개발에 막대한 돈을 쏟아붓고 있고, 삼성전자는 미국 실리콘밸리와 뉴욕을 비롯한 전 세계 주요 도시에 AI 연구소를 설립하고 인재 영입을 통해 AI 개발에 박차를 가하고 있다. 네이버 역시 네이버랩스 유럽(NAVER Labs Europe)을 자회사로 두고 AI 개발에 주력하고 있는데, 네이버랩스 유럽은 유럽 최대의 AI 연구소로서 신의 경지에 이른 연구진(AI 관련 논문 인용 건수가 1만 건 이상인 논문 저자) 3명을 중심으로 110여 명의 인재들이 연구에 매진하고 있다. 이처럼 글로벌 IT 기업들은 지금 치열하게 경쟁하고 있으며, 더 뛰어난 AI 개발을 위한 인재 쟁탈전도 함께 진행 중이다.

아무리 좋은 소프트웨어가 갖춰져 있다고 해도 원하는 대로 정밀하게 움직일 수 있는 몸이 없으면 소용이 없다. 즉, 정신(AI)과 신체(로봇 바디)가 일치되어야 한다. 그래서 '로봇 연구'는 인간처럼 정밀한 움직임이 가능한 로봇을 개발하는 데 초점이 맞춰지게 된다. 미국을 비롯한 선진국에서는 정밀한 움직임이 가능한 로봇 개발이 상당 부분 진전되면서 그 결과물들이 속속 등장하고 있고, 신체 일부를 대신할 만한 로봇 팔, 로봇 다리와 같은 제품들도 상용화되고 있다. 하지만 우리나라는 아직 걸음마 수준이어서 주목할 만한 '로봇 기업'이나 연구소를 찾기 힘들다.

AI의 명령에 따라 원활히 움직일 수 있는 신체를 가지기 위해서는 제어 기술과 함께 부품 기술이 중요한 요소이다. 인간을 생각해보면, 신체 활동을 할 때 뼈마디, 즉 '관절'이 중요한 것처럼 로봇 역시 관절을 정밀하게 움직일 수 있느냐 하는 것이 중요한 요소가 된다(구동기, 센서, 제어기 등의 부품 기술). 이런 면에서 전통적인 제조업 강국인 일본과 독일 기업이 높은 기술력을 바탕으로 로봇 시장에서 매우 중요한 역할을 담당하고 있는데, 세계 최고의 기술을 갖춘 기업으로 화낙(FANUC, 일본), 야스카와(YASKAWA, 일본), 쿠카(KUKA, 독일), ABB(스위스) 등을 꼽을 수 있다.

4차 산업혁명이 무르익으면 로봇 산업 역시 사회의 다양한 분야에 적용되면서 우리 삶에 큰 변화를 몰고 올 것이고 질적 성장을 거듭할 것이다. 로봇 시장의 큰 축이 산업용 로봇에서 서비스 로봇으로 이동하고 있고 빠른 속도로 시장이 커지고 있다는 점에 주목하자.

- **용어 정리**

○ AI(Artificial Intelligence, 인공지능): 인공적으로 만든 지능을 기계에 준 것. 기계가 스스로 생각하고 판단하며 행동하도록 하는 것을 의미.

○ 로봇(Robot): 인간을 모방하여 외부환경 인식 및 상황 판단을 하고 자율적으로 동작하는 기계를 말함.

○ 산업용 로봇: 산업 각 분야의 제조 현장에서 제품 생산에서 출하까지의 공정 작업을 수행하기 위한 로봇.

○ 서비스 로봇(개인 서비스): 인간의 실생활 범주에서 보조 수단으로서의 생활 제반 서비스를 제공하는 대인지원 로봇. 예) 가사지원 로봇, 로봇 휠체어 등.

○ 서비스 로봇(전문 서비스): 불특정 다수를 위한 서비스 제공 및 전문적인 작업을 수행하는 로봇. 예) 공공서비스 – 도우미 로봇, 국방 – 지뢰 제거 로봇 등.

AI 분야에는 많은 IT기업들이 막대한 투자를 진행하고 있다. 구글은 세계 최고의 AI기술을 보유하고 있고, 삼성 역시 투자를 아끼지 않고 있다. 네이버는 국내보다 해외에서 활발히 연구/개발에 매진하고 있다. 로봇과 관련해서 국내 기업은 큰 두각을 나타내지 못하고 있다. 전통적인 제조업 강국인 일본과 독일이 로봇 부품 분야에서 세계 최고 수준을 자랑하고 있다. 이와 관련해서 다음과 같은 기업들이 있다.

- NAVER: 대한민국의 대표적인 IT 서비스 기업이다. 자회사로 네이버랩스를 운영 중이며, 네이버랩스 유럽은 유럽 최대의 AI 연구소이다.

- 구글: 구글의 자회사 딥마인드(Deepmind)는 세계 최고의 AI 기술을 보유 중이다. 딥마인드에서 개발한 AI 바둑기사 알파고는 2016년 이세돌을 꺾은 바 있다.

- 화낙(FANUC): 컴퓨터 수치 제어 시스템 세계 시장 점유율 50%, 스마트폰 가공 로봇 시장 점유율 80% 등 세계 산업용 로봇 시장 점유율 50%를 장악하고 있는 세계적인 로봇 제조 기업이다.

- 현대중공업지주: 국내 대표적인 로봇 제조 기업인 현대로보틱스를 자회사로 두고 있다.

이외에도 여러 기업이 있으니 관련 업종 투자에 관심이 있다면 증권사 리포트와 뉴스 등을 참고하기 바란다.

디지털 시대의 화수분:
콘텐츠

영상 미디어 OTT(Over The Top Service)_____

우리는 흔히 인터넷과 IT 전자기기가 대중화되기 이전을 아날로그 시대라고 말하고, 지금은 디지털 시대라고 칭한다. 그렇다면 디지털의 가장 큰 특징은 무엇일까? 그것은 아마도 수많은 콘텐츠가 디지털 신호(0과 1)로 변환되어 저장된다는 점이다. 콘텐츠가 디지털화되어 저장된 덕분에 우리는 인터넷만 이용할 수 있다면 언제 어디서나 콘텐츠를 즐길 수 있다.

콘텐츠의 디지털화는 상품(디지털 콘텐츠)을 손쉽게 복제할 수 있도록 했는데, 콘텐츠를 무한대로 복제한다고 해서 콘텐츠가 손상을 입거나 내용이 변화하지 않는다는 사실은 디지털 콘텐츠의 가장 큰 장점이다. 이러한 장점 덕분에 디지털 콘텐츠 관련 사업을 하는 많은 기업은 막대한 수익을 올릴 수 있다. 콘텐츠를 복제하는 데 드는 비용은 매우 적지만(사

그림 3-13 OTT 서비스의 특징

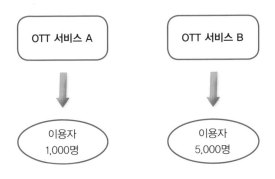

이용자 수가 적으나 많으나 서비스 제공/유지 비용은 비슷하다.

실상 제로에 가깝다), 이를 이용하는 사용자들은 서비스 이용 요금을 각각 지불하기 때문에 서비스를 제공하는 기업은 초기 서비스 구축비용을 제외하면 비용 지출이 거의 없이 많은 수익을 올리게 된다.

예를 들어, 위 [그림 3-13]에서 보여주듯이 OTT 서비스 A와 서비스 B가 있다고 가정해보자. 각각 서비스 구축 비용이 1천만 원이 소요되었고, 서비스 이용 요금이 1인당 1만 원이라고 하자. 이 경우 A 사업자는 서비스 구축비용 지출 1천만 원, 이용자 1천 명이 지불하는 요금 수입이 1천만 원으로 계산되어 합산 수익이 0원이 된다. 그렇지만 B 사업자는 서비스 구축비용 지출 1천만 원, 이용자 수입 5천만 원이 되어 총 수입 4천만 원이 된다(세금을 비롯한 다른 비용은 없다고 가정). 이처럼 OTT 서비스는 디지털 콘텐츠의 무한 복제를 기반으로 하기 때문에 초기 구축 비용 이외에는 추가 비용이 거의 들지 않고, 사용자가 늘어날수록 빠른 속도로 영업이익이 증가하게 된다. 더욱이 수익이 나지 않는 A 사업자가 시장을 떠나게 되면 B 사업자는 독과점 지위를 유지할 수 있게 된다.

앞서 '애플 주가 200배 상승의 비밀'에서 살펴본 것처럼 애플은 이러한 디지털 콘텐츠의 속성을 간파한 후 음악 콘텐츠 사업에 진출하여 막대한 이익을 취했다. 디지털화된 음악은 '아이튠즈 스토어'를 통해서 순식간에 수백만 곡이 판매되었고 애플은 막대한 수익을 챙겼다. 이로 인해 애플의 주가는 가파르게 상승할 수 있었다.

이런 이유로 OTT 시장은 '황금알을 낳는 거위', '디지털 시대의 화수분'이라고 불린다. 그동안 온라인 콘텐츠 시장의 왕좌는 미국의 넷플릭스(NETFLIX)였지만 디즈니(디즈니+), 애플(애플TV+), 아마존(프라임비디오) 등이 넷플릭스의 독주에 제동을 걸고 있다. 국내에서는 푹(POOQ)과 옥수수가 합쳐진 연합 OTT 서비스인 '웨이브(WAVVE)'가 출범했고, CJ E&M과 JTBC가 OTT 합작 법인을 설립하기로 하는 등 OTT 시장에 거센 변화의 바람이 불고 있다.

그림 3-14 글로벌 OTT 서비스 가입자 수 추이

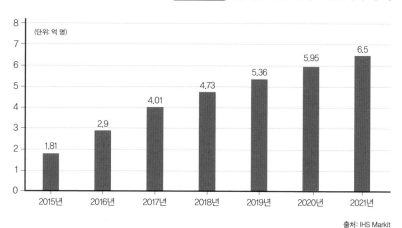

출처: IHS Markit

그림 3-15 국내 OTT 서비스 시장 규모 추이

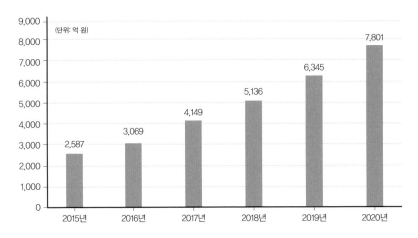

출처: 방송통신위원회

다음 [그림 3-14], [그림 3-15]에서 확인할 수 있는 것처럼 OTT 시장은 지속적으로 성장할 것으로 예상된다. 하지만 여러 기업이 치열한 경쟁을 해야 한다는 점도 염두에 두어야 한다. 다양한 콘텐츠를 보유한 전통적인 콘텐츠 강자 디즈니와 자금력을 앞세워 콘텐츠 제작에 힘쓰겠다는 애플 등에 맞서 넷플릭스 역시 지역별 맞춤형 콘텐츠, 오리지널 콘텐츠 제작 등을 통해 사용자들을 끌어들이겠다는 의지를 밝히면서 우리나라의 콘텐츠 제작사와 제휴를 맺거나 직접 투자를 진행하고 있는 상황이다.

여기에서 주목할 점은 OTT 서비스가 사용자들에게 어필할 수 있는 부분은 결국 '콘텐츠'라는 점이다. 따라서 공룡 OTT 기업들은 드라마 제작사나 콘텐츠 제작/공급 기업들과 협업을 할 수밖에 없다. 투자자라면 공룡 OTT 기업의 가입자 수 추이와 함께 인기 콘텐츠를 보유한 기업과 뛰어난 제작 능력을 갖춘 기업에 대해서도 관심을 가질 필요가 있다.

- OTT(Over The Top Service): 인터넷을 통해 방송 프로그램, 영화, 교육 등 각종 미디어 콘텐츠를 제공하는 서비스를 말한다.

- 푹(POOQ): KBS, SBS, MBC 등 지상파 방송 3사가 함께 투자하여 설립한 OTT 서비스이다.

- 옥수수(Oksusu): SK텔레콤과 SK브로드밴드가 합작하여 만든 OTT 서비스이다.

- 웨이브(Wavve): 푹(지상파 방송 3사)과 옥수수(SK텔레콤)가 통합하여 출시한 OTT 서비스이다.

- CJ E&M-JTBC OTT: 2019년 9월 17일, CJ E&M과 JTBC는 OTT 합작 법인을 출시하기 위해 MOU를 체결했다.

그동안 글로벌 OTT 시장은 넷플릭스가 주도해왔지만, 시장의 규모가 급격히 커지면서 여러 기업들이 적극적으로 OTT 시장에 뛰어들고 있다. 디즈니의 '디즈니+'는 탄탄한 콘텐츠 경쟁력 덕분에 서비스 첫날 서버가 마비될 정도로 큰 인기를 끌었다. OTT 서비스는 한 가정에서 하나 이상의 서비스를 이용할 수 있다는 점, 그리고 결국 선택은 '콘텐츠'로 귀결된다는 점에 주목할 필요가 있다. 관련 기업은 다음과 같다.

- 넷플릭스: 전 세계적으로 OTT 붐을 일으킨 주역이다. 최근 20년 동안 가장 높은 주가 상승률을 보인 기업 중 하나이기도 하다. 콘텐츠 경쟁력 강화를 위해 우리나라의 CJ E&M, 스튜디오드래곤 등과 협력한다고 발표하기도 했다.

- 디즈니: 전통적인 콘텐츠 강자로서 넷플릭스에 필적할 만한 OTT 서비스인 디즈니+를 선보였다. 겨울왕국, 알라딘, 라이온 킹과 마블 시리즈 등 탄탄한 콘텐츠 경쟁력을 바탕으로 시장 진입과 동시에 선풍적인 인기를 끌고 있다.

- 애플: 애플은 기존의 애플TV를 전면 개편하여 '애플TV+' 서비스를 론칭했다. 콘텐츠 경쟁력은 현재 넷플릭스, 디즈니에 비해 다소 뒤처지지만 오리지널 콘텐츠에 막대한 투자를 이어가고 있다.

- 스튜디오드래곤: CJ E&M의 자회사로서 드라마 전문 제작 기업이다. 넷플릭스에 콘

텐츠를 공급하고 있으며, 여러 OTT 기업들과 협업하고 있다.

- 덱스터 스튜디오: 콘텐츠 제작을 전문으로 하는 기업 중 하나이다. 대표적인 작품으로는 영화 〈신과 함께 – 죄와 벌〉이 있다.

이외에도 여러 기업이 있으니 관련 업종 투자에 관심이 있다면 증권사 리포트와 뉴스 등을 참고하기 바란다.

웹툰(Webtoon)과 스트리밍 음악 서비스 _____

모바일 기기 보급 확대와 인터넷 통신 속도의 개선은 인터넷을 기반으로 한 콘텐츠 소비량의 증가를 불러왔다. 사람들은 인터넷을 통해서 끊임없이 복제되는 다양한 디지털 콘텐츠를 소비하고 있는데, 미디어 콘텐츠 중심의 OTT와 더불어 관심 있게 지켜볼 만한 분야는 웹툰과 스트리밍 음악 분야이다.

웹툰의 경우 중독성이 강하고 인기 콘텐츠의 경우 2차 창작물 제작(영화, 드라마, 게임 등)과 굿즈(Goods) 등의 상품 판매로 이어지는 등 다양한 수익 창출이 가능하다는 점에서 웹툰 사업을 영위하고 있는 기업에게는 화수분 같은 존재이다.

국내에서는 네이버 웹툰과 카카오 웹툰, 레진코믹스 등 3개 웹툰 서비스가 시장을 장악하고 있는데, 상장사인 네이버와 카카오의 웹툰 사업은 해외시장에서도 가시적인 성과를 거두고 있다는 점에서 두 기업을 주목할 필요가 있다. 특히, 네이버 웹툰은 글로벌 시장에서 빠른 성장을 보이고 있다. 지난 2019년 9월 말에 열렸던 네이버 웹툰 기자 간담회에서 언급된 내용에 따르면, 네이버 웹툰의 월간 방문자 수(MAU)가 전 세계적

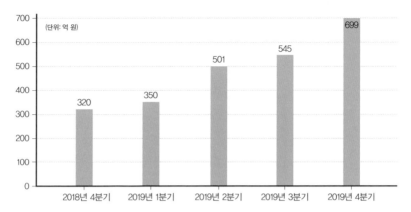

그림 3-16 네이버 콘텐츠 부문 매출 추이(웹툰, 뮤직, V Live 등)

출처: 네이버 IR

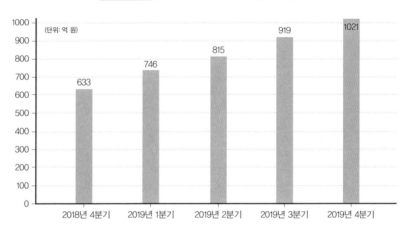

그림 3-17 카카오 콘텐츠 부문 매출 추이(카카오페이지, 픽코마 등)

출처: 카카오 IR

그림 3-18 세계 디지털 만화 시장 규모 추이

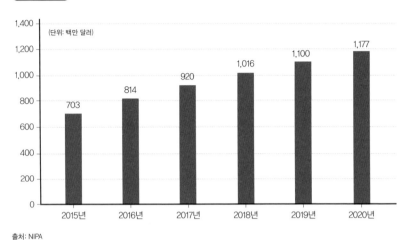

(단위: 백만 달러)

출처: NIPA

으로 6천만 명에 이르며, 미국과 일본에서 큰 인기를 끌면서 빠른 성장세를 보여주고 있다고 한다. 또한 이 같은 인기에 비례하여 웹툰 작가에 대한 금전적 대우도 좋아져서 국내 웹툰 작가의 평균 수익은 연 3억 원 이상, 톱 20에 포함된 작가의 평균 수익은 연 17억 원이 넘는다고 한다. 네이버 웹툰의 콘텐츠 거래액은 6천억 원 정도가 될 것으로 예상된다. 시장이 성장하고 작가들에 대한 대우도 좋아지면서 양질의 콘텐츠가 지속적으로 공급되고 있으며, 이에 따른 선순환으로 웹툰 전체 수익도 증가하고 있다.

[그림 3-18]을 보면 글로벌 웹툰 시장은 지속적으로 성장하는 추세이며, 이에 따라 네이버 웹툰과 카카오 웹툰의 기업 가치도 함께 높아지고 있다. 한국투자증권에 따르면 2019년 9월 기준으로 네이버 웹툰의 기업 가치는 약 2조 원, 카카오 웹툰(카카오페이지)의 기업 가치는 약 1조 8천억 원으로 추정된다고 한다. 특히, 일본 애니메이션 시장의 사례를 볼

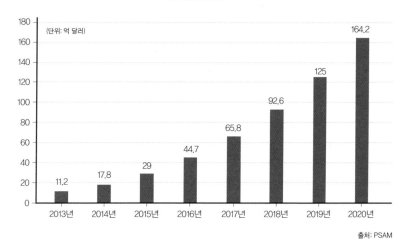

그림 3-19 글로벌 음악 스트리밍 시장 규모 추이

(단위: 억 달러)

출처: PSAM

때 2차 창작물과 굿즈 매출이 애니메이션 자체보다 더 큰 수익을 가져다 준다는 점은 웹툰 사업이 향후 막대한 수익을 안겨줄 가능성을 내포하고 있음을 시사한다.

음악 스트리밍 서비스 시장 역시 지속적으로 성장하고 있는 분야이다. 스마트폰 보급 초기만 해도 스트리밍 서비스보다 다운로드 시장의 비중이 컸지만, 현재 음악 시장을 주도하고 있는 분야는 스트리밍 서비스이다. 매월 일정 금액만 지불하면 사용자가 듣고 싶은 음악을 무제한으로 들을 수 있다는 점, 기분에 따라 즉흥적으로 듣고 싶은 음악을 터치 몇 번으로 찾아서 들을 수 있다는 점이 매우 매력적이다. 이 같은 이유로 스트리밍 서비스 이용자들이 계속 늘어나고 있다.

전 세계적으로 음악 스트리밍 서비스 시장에서 가장 높은 점유율을 기록하고 있는 기업은 미국의 스포티파이(Spotify, 약 40%)이며 그 뒤를 애플 뮤직(Apple music, 약 19%)과 아마존 뮤직(Amazon Music HD, 약 12%)

그림 3-20 국내 음악 스트리밍 서비스 점유율

(단위: 퍼센트)

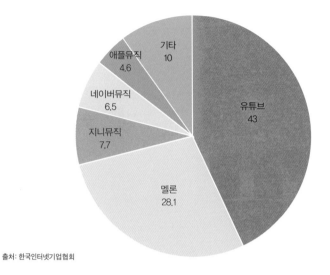

출처: 한국인터넷기업협회

이 차지하고 있다. 국내 음악 스트리밍 시장도 매년 성장하고 있는 만큼 경쟁도 치열하게 진행 중인데, 국내 시장에서는 유튜브 음악 스트리밍 서비스를 이용하는 사람이 가장 많으며(약 43%) 그 뒤를 멜론(약 28%), 지니 뮤직(약 7.7%) 등이 잇고 있다.

투자자 입장에서 적은 비용으로 높은 수익을 내는 기업, 즉 영업이익률이 높은 기업에 투자하는 것은 당연한 이치이다. 이런 점에서 디지털 시대의 화수분이라 일컬어지는 분야에서 두각을 나타내거나 시장 점유율이 높은 기업에 관심을 가져볼 만하다.

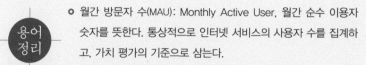

- 월간 방문자 수(MAU): Monthly Active User, 월간 순수 이용자 숫자를 뜻한다. 통상적으로 인터넷 서비스의 사용자 수를 집계하고, 가치 평가의 기준으로 삼는다.

- 일간 방문자 수(DAU): Daily Active User, 일간 사용자 수를 뜻한다. 일간 사용자 숫자가 높다는 것은 그만큼 서비스의 인기가 높다는 것을 의미한다.

- 스트리밍 서비스: 온라인을 기반으로 음악을 실시간으로 들을 수 있는 서비스를 말한다. 과거에는 음원을 다운받아 저장해서 듣는 것이 주류였지만, 최근에는 온라인을 통해 실시간으로 듣고 싶은 음악을 들을 수 있다.

전통적인 애니메이션 강국은 일본이지만, 웹툰은 우리나라가 세계 최고 자리를 꿰찼다고 할 수 있다. 일본에서도 네이버 웹툰(라인 웹툰)과 카카오 웹툰(픽코마)이 큰 인기를 얻고 있으며, 미국과 동남아 등 글로벌 만화 시장에서 신선한 바람을 일으키고 있다.

- NAVER: 네이버 웹툰은 국내 최대 웹툰 플랫폼이며 일본에서는 '라인 웹툰'이라는 서비스를 제공하고 있다.

- 카카오: 국내에서는 카카오페이지를 통해 웹툰 서비스를 제공하고 있으며, 일본에서는 카카오 재팬을 통해 '픽코마'라는 웹툰 서비스를 제공하고 있다.

테크핀(TechFin) 시대: 인터넷 은행과 모바일페이

　금융 시장은 핀테크(Fin-Tech)에서 테크핀(Tech-Fin) 시대로 변화하고 있다. 핀테크는 '금융'이 중심이었지만, 이제는 빅데이터, AI 등의 기술을 활용하는 IT 기업이 중심이 되어 금융 시장의 판도를 바꾸고 있다. 예를 들면, 카카오뱅크로 대표되는 '인터넷 은행'이 있고, 일상 속으로 깊숙이 파고들고 있는 카카오페이, 네이버페이, 페이코 등의 모바일페이 서비스가 있다.

　테크핀 기업들은 기존 금융 서비스(은행 서비스)의 불편함을 하나둘씩 제거하면서 사용자들에게 편의를 제공하고, 더 나아가 각종 수수료를 낮추거나 없앰으로써 큰 호응을 얻고 있다. 테크핀 기업들은 전통적인 은행과 달리 창구 업무가 아닌 비대면 업무, 즉 온라인과 스마트폰을 이용한 업무 진행을 기본으로 하기 때문에 비용을 획기적으로 줄이고, 그 혜택이 사용자에게 돌아가는 선순환 구조를 가지고 있다.

우리나라에는 현재 케이뱅크와 카카오뱅크 등 두 개의 인터넷 은행이 있고, 현재 토스뱅크가 제3 인터넷 은행 설립을 준비하고 있다. 카카오뱅크는 서비스를 시작한 지 4일 만에 100만 고객을 돌파하고, 2년이 채 안 되는 시점에 1천만 고객을 달성하는 등 인터넷 은행 성공의 모범 사례로 꼽히고 있다. 카카오뱅크의 성공은 높은 인지도, 빠른 대출 심사와 낮은 금리(대출 이자) 조건, 간편한 송금 서비스 제공, 수수료 무료 정책 등 기존 은행들보다 파격적인 조건의 상품을 대거 선보이면서 접근성을 높인 것이 주효했기 때문이라는 평가가 있다.

승승장구하는 카카오뱅크를 가장 경계하는 곳은 단연 기존 은행들이다. 기존 제도권 은행들 역시 변화하고 있지만 그 변화의 속도는 느릴 수밖에 없다. 또한 오랫동안 저금리 환경이 지속되면서 예대 마진 축소 압박을 받고 있는 것도 기존 은행들이 가지는 부정적인 측면이다. 이런 환경 속에서 은행들은 고용 인원을 줄이고 점포 숫자를 줄이는 등의 구조조정을 단행할 수밖에 없는 상황이다. 한편, 해외로 눈을 돌려 새로운 먹거리를 찾기 위한 움직임도 보여주고 있다.

인터넷 은행의 성장은 송금이 간편한 환경을 만드는 데 기여했고, 간편 결제 시장 성장의 마중물이 되었다. 인터넷 은행이 테크핀 기업과 기존 은행들의 경쟁이었다면 모바일페이 시장은 테크핀 기업들의 전쟁터가 되었다. 모바일페이 시장은 매년 그 규모가 크게 성장할 것으로 예상되고 있기 때문에 모바일페이 서비스 제공 기업들은 시장 선점을 위해 많은 노력을 기울이고 있다. 모바일페이는 온라인 쇼핑에서부터 오프라인 결제, 공과금 결제까지 다양한 분야에서 두루 이용되고 있다. [그림 3-21]에서 확인할 수 있듯이 2018년 기준으로 국내 간편 결제 이용 금

그림 3-21 국내 간편 결제 이용 금액 추이

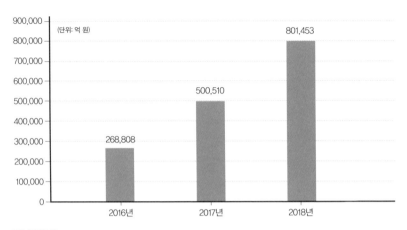

출처: 금융감독원

액은 약 80조 원에 이르고 있는데, 이는 2017년 대비 60%가량 증가한 수
치이다. 2017년 이용 금액도 2016년에 비해 2배가량 늘어난 것이라고
볼 때, 모바일페이/간편 결제 시장은 지속적으로 성장할 것으로 보인다.

간편 결제 시장이 큰 폭으로 성장하는 원동력은 편리함에 있다. 스마
트폰만 있으면 언제, 어디서든지 결제할 수 있는 시스템이 구축되면서
현재 많은 사람들이 이용하고 있다. 특히, 우리나라 모바일페이 시장을
선도하고 있는 두 서비스는 카카오의 카카오페이와 네이버(네이버 파이
낸셜)의 네이버페이라는 점에 주목할 필요가 있다. 이처럼 카카오와 네이
버가 모바일페이 시장에서 큰 영향력을 발휘하고 있다는 점은 IT/인터넷
서비스 업체가 다양한 서비스를 제공하고 있고, 이들 서비스를 이용하는
사용자들이 하나의 통합된 생태계에서 소비하고 있다는 것을 의미한다.
예컨대, 네이버의 경우 네이버 쇼핑에서 쇼핑하고 네이버페이로 결제하
도록 하는 등 네이버 생태계 안에서 주요 활동이 이루어지는 시스템을

구축하고 있다. 이런 과정이 반복되면서 생태계가 공고화된다면 과거 여러 업체들이 나눠먹던 이익이 네이버와 같은 테크핀 기업에게 집중되는 효과가 나타나고, 테크핀 기업들은 더 큰 이익을 챙기면서 시장을 장악하게 된다. 카카오 역시 인터넷 은행인 카카오뱅크와 모바일페이 서비스인 카카오페이 서비스를 제공하고 있고, 카카오톡 플랫폼을 이용한 e커머스 시장 진입을 비롯한 여러 가지 서비스를 제공하고 있다는 점을 투자 포인트로 삼을 만하다.

모바일페이 시장의 성장은 우리나라만의 현상이 아니다. 중국은 전 세계에서 모바일페이가 가장 활성화된 나라로, 결제 대금이 1경 1천조 원을 넘는 수준에 이르고 있다(2018년 1분기 기준). 우리나라는 이제 막 시장이 성장하는 단계라고 할 수 있으며, 일본과 대만 등 동북아 지역의 국가들도 정책적으로 모바일페이 활성화를 지원하고 있다. 일본은 현금 사용 비중이 높은 국가로서 선진국 중 신용카드 사용률이 최저인 국가인데, 일본 정부는 현금 없는 사회를 만들기 위해 노력하고 있다. IT 강국인 대만도 인터넷 은행 설립, 모바일페이 서비스 활성화 등이 이루어지고 있다.

- 테크핀(Tech-Fin): 테크핀이란 기술(Technology)과 금융(Finance) 의 합성어로서, ICT기업 즉 IT/기술 기업이 주도하는 금융 서비스를 뜻한다.

- 인터넷 은행: 영업점 없이 대부분의 금융 업무를 인터넷이나 모바일, 현금자동입출금기(ATM) 등의 전자 매체를 통해 처리하는 은행을 말한다. 영업점이 없기 때문에 임대료, 인건비를 비롯한 여러 가지 부대비용을 줄일 수 있고, 이로 인해 시중 은행보다 금리가 낮은 대출 상품, 이자율이 높은 예금 상품 등을 선보일 수 있다.

- 모바일페이: 온/오프라인에서 스마트폰으로 결제할 수 있는 서비스를 말한다. 카드 정보를 등록해두면, 간단한 비밀 번호 입력이나 스마트폰을 갖다 대는 것만으로도 결제할 수 있다.

국내에는 케이뱅크와 카카오뱅크 두 개의 인터넷 은행이 있다. 카카오뱅크는 카카오의 자회사로서 카카오톡을 기반으로 하여 빠른 성장을 구가하면서 2년 만에 흑자 전환에 성공하는 등 국내 금융 시장에 센세이션을 불러일으켰다. 네이버의 경우 모바일 메신저 '라인'을 발판으로 일본, 대만, 태국 등에서 '라인뱅크'와 '라인페이' 등의 서비스를 제공하고 있거나 준비 중이다.

현재 우리나라에는 여러 모바일페이 서비스가 존재하지만 그중에서도 카카오페이와 네이버페이가 가장 큰 영향력이 있다. 카카오페이는 카카오톡, 카카오뱅크와 연동하여 시너지 효과를 내고 있고, 네이버페이는 네이버 쇼핑과의 연계 등으로 인해 빠른 속도로 결제 대금이 증가하고 있다.

- NAVER: 모바일페이 서비스인 '네이버페이'의 전문성 강화를 위해, '네이버 파이낸셜'을 설립하여 모바일페이 부문 강화에 나서면서 크게 주목받고 있다.

- 카카오: 카카오뱅크, 카카오페이의 빠른 성장에 힘입어 2019년에 주가도 오름세를 보이고 있다.

이외에도 여러 기업이 있으니 관련 업종 투자에 관심이 있다면 증권사 리포트와 뉴스 등을 참고하기 바란다.

반도체 전쟁:
메모리 반도체와 시스템 반도체

반도체를 두고 4차 산업혁명의 쌀이라는 이야기를 한다. 이 말은 반도체가 4차 산업혁명 시대에 매우 중요한 역할을 하게 될 것이라는 의미를 내포하고 있다. 지금도 우리가 사용하고 있는 전자 기기에는 반도체가 들어 있는데, 앞으로 더 중요한 위치를 차지하게 될 것이다. 반도체는 다양한 분야에 사용되는 만큼 역할도 다양하고 개발/판매하는 기업들도 다양하다. 주식시장에서는 반도체를 구분할 때 크게 메모리 반도체와 시스템 반도체로 나눈다. 그렇기 때문에 메모리 반도체와 시스템 반도체 시장을 구별해서 이해하는 것은 반도체 분야 투자자의 기본자세라 할 수 있다.

메모리 반도체(Memory Semiconductor)_____

메모리 반도체는 데이터/정보를 저장하는 용도로 사용되는 반도체이다. 메모리 반도체는 크게 휘발성 메모리(D램, S램 등)와 비휘발성 메모리(ROM), 즉 플래시 메모리로 나뉜다. 경제 신문에서 반도체 산업에 대해 이야기하면서 D램 가격과 플래시 메모리 가격을 이야기하는 이유는 우리나라 반도체 산업의 핵심이 D램과 플래시 메모리(낸드 플래시)이기 때문이다.

세계 D램 시장에서 삼성전자는 약 40%, SK하이닉스는 약 30%가량의 점유율을 차지하고 있다. 낸드 플래시 분야에서는 삼성이 약 30%의 점유율로 압도적인 1위를 기록하고 있고, 일본의 키옥시아(구 도시바 메모리 18%), 미국의 웨스턴디지털(14%), 미국의 마이크론 테크놀로지(13%), SK하이닉스(10%) 등이 그 뒤를 잇고 있다(2019년 2분기 기준). 우리나라의 삼성과 SK하이닉스가 메모리 반도체 시장을 주도하고 있다는 말은 향후 전 세계적으로 메모리 반도체 시장의 파이가 커질 때 이 두 기업이 큰 수익을 거둘 수 있다는 말이기도 하다. 하지만 한편으로는 2019년과 같이 메모리 반도체 가격이 지속적으로 하락하면 수익성이 악화될 수밖에 없고, 이에 따라 우리나라 경제 전체에 미치는 악영향도 커진다는 점에 유의해야 한다.

반도체 시장은 경기 주기에 따라서 호황과 불황을 반복해온 전형적인 경기 민감 업종이다. 2000년대 이후, PC 수요 증가로 메모리 반도체 수요가 폭발적으로 증가하면서 가격 상승이 왔고 그 후에 과잉 생산/공급에 따른 가격 하락, 2010년 이후 스마트폰 시대의 도래로 인한 메모리 반도체 수요 증가와 그 이후의 반도체 과잉 생산/공급과 스마트폰 수요 둔

그림 3-22 반도체 호황 시기

2000년대 PC 수요	2010년대 모바일 수요	2020년대 클라우드 수요

화로 인한 가격 하락이 대표적인 흐름이다. 지금 전문가들은 클라우드 시대를 맞이해서 클라우드 서비스를 영위하는 IT 기업들이 클라우드 서버 증설을 위해 대규모 투자를 진행할 것이고, 이에 따라 서버용 메모리 반도체 수요가 큰 폭으로 증가할 것이라고 전망하고 있다. 또한 넷플릭스에 이은 디즈니+, 애플TV+ 등 거대 OTT 서비스의 등장으로 대규모 서버 용량 증설 요구가 이어지면서 메모리 반도체 수요가 큰 폭으로 늘어날 것이라고 한다.

가트너(Gartner) 등의 시장 조사 업체들은 PC 분야의 메모리 반도체 수요는 지속적으로 감소하는 반면 클라우드 서버 증설에 따른 서버 수요가 큰 폭으로 증가할 것으로 내다보고 있다. 특히, 클라우드 시장이 점점 지능화되고 있다는 점에 주목할 필요가 있다. 아마존과 MS 등 클라우드 시장을 선도하는 기업들은 클라우드에 인공지능(AI)을 접목한 소위 'AI 클라우드(AIaaS)' 서비스를 제공하고 있고 앞으로 AI 클라우드 서비스 영역을 확대해나갈 계획이라고 한다. AI 클라우드는 기존 클라우드 서버보다 더 많은 양의 메모리 반도체 수요를 불러오게 된다(40% 이상 추가 수요 발생). 이런 클라우드 시장의 흐름은 자연스럽게 메모리 반도체 수요를 폭발적으로 증가시킬 것이다. 기존의 수요 전망치가 일반적인 클라우드 서버 증설에 기반한 추정이라고 볼 때, 메모리 반도체 수요는 더욱 큰 폭으로 증가할 가능성이 높고 이는 메모리 반도체 생산/판매 기업들에게는 좋은 기회가 될 수 있다.

한편, 전기차/자율주행 자동차 시장이 커지고 있다는 점도 메모리 반도체 시장의 수요 증가에 기여할 것으로 전망되고 있다. 지금도 자동차에는 다양한 센서와 함께 여러 종류의 반도체가 탑재되면서 반도체의 중요성이 부각되고 있다. 자율주행 자동차 시대에는 반도체가 자동차의 가장 핵심적인 부품으로 자리 잡게 될 것이 분명하다. 자율주행 자동차는 안전한 운행을 위해 주변의 다양한 정보를 빠른 속도로 받아들이는 동시에 이를 저장하고 주행에 바로 반영해야 한다. 이런 이유 때문에 고용량의 빠른 처리 속도를 자랑하는 메모리 반도체의 중요성이 더욱 커질 것이라는 전망이 있다.

메모리 반도체는 정보/데이터를 저장하는 장치로, 얼마나 많은 양을 저장하는가(고용량)와 얼마나 빠른 속도로 작동하는가(고성능)가 중요한 요소이다. 삼성전자와 SK하이닉스는 막대한 연구 개발비를 투입하여 세계 최고 성능의 메모리 반도체 개발에 매진하고 있고 지금 현재는 시장을 주도하는 기업으로 자리 잡은 상태이다.

반도체 시장은 산업의 흐름에 따라서 호황과 불황을 반복적으로 경험해왔고, 불황을 이겨내고 시장에서 주도권을 잡은 기업들이 막대한 부를 쌓을 수 있었다. 우리나라의 삼성전자와 SK하이닉스가 지난 몇 년 동안 스마트폰 시장의 호황에 따른 메모리 반도체 수요 증가의 수혜를 톡톡히 입은 것이 대표적인 예이다. 앞으로 AI 클라우드 서버의 증설과 동영상 스트리밍 서비스 업체의 서버 구축이 본격화된다면 메모리 반도체 시장의 파이가 빠른 속도로 커질 것이라는 점을 명심하기 바란다.

시스템 반도체(System Semiconductor)_____

삼성이 비메모리 반도체 분야에 향후 10년 간 133조 원을 투자하겠다고 밝히면서 화제가 되었다. 메모리 반도체 분야에서 독보적인 1위를 차지하고 있는 삼성이 시스템 반도체 분야에 막대한 돈을 쏟아 부으려는 이유가 무엇일까?

시스템 반도체 분야 시장의 크기가 메모리 반도체 분야에 비해 두 배 정도 크다는 이유도 있지만 무엇보다도 시스템 반도체가 4차 산업혁명 시대에 핵심적인 역할을 수행할 것이기 때문이다. 4차 산업혁명 시대에 메모리 반도체 역시 중요한 역할을 하게 될 것이지만, 시스템 반도체는 이보다 좀 더 중요한 역할을 하게 될 것이다. 데이터를 저장하는 메모리 반도체와 달리 시스템 반도체는 논리와 연산, 제어 기능 등을 수행하는 반도체이다. 디지털화된 전기적 정보를 연산(계산)하거나 처리(제어, 변환

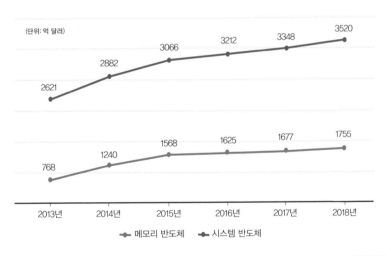

그림 3-23 메모리 반도체와 시스템 반도체 시장 규모

(단위: 억 달러)

	2013년	2014년	2015년	2016년	2017년	2018년
시스템 반도체	2621	2882	3066	3212	3348	3520
메모리 반도체	768	1240	1568	1625	1677	1755

◆ 메모리 반도체 ◆ 시스템 반도체

출처: 세계 반도체 시장 통계기구

등)한다. 사람으로 치면 두뇌와 같은 역할을 한다고 볼 수 있다.

왜 지금 시스템 반도체가 주목받을까?

4차 산업혁명 시대의 중요한 분야 중 하나는 인공지능(AI)이다. AI는 로봇, 자율주행 자동차뿐만 아니라 클라우드 시스템, 5G 장비, 고성능 컴퓨터, 스마트폰 등 모든 사물에 탑재될 것인데, 이 AI가 시스템 반도체를 기반으로 작동한다는 점에 주목해야 한다. 머신 러닝(Machine learning) 기능을 갖춘 AI는 받아들인 데이터를 기반으로 스스로 성능을 향상시켜야 하기 때문에 뛰어난 성능의 시스템 반도체 탑재는 필수이다. 따라서 4차 산업혁명 시대에는 시스템 반도체의 수요가 폭발적으로 증가하고, 이에 따라 시장 주도권을 잡기 위한 관련 기업들의 경쟁도 치열하게 전개될 것이다.

시스템 반도체는 생산 과정이 분업화되어 있다는 것이 중요한 특징이다. 삼성이 시스템 반도체에 133조 원이라는 막대한 금액을 투자할 것이라고 밝히면서 구체적으로는 파운드리 및 시스템 LSI 사업이라고 명시했다. 이는 위탁 생산과 통합 칩 개발/생산(시스템 LSI)에 집중적으로 투자하겠다는 말로 이해하면 된다. 시스템 반도체 산업에는 위탁 생산, 통합 칩 개발/생산 외에 팹리스(설계) 분야가 있는데, 팹리스는 반도체 생산 시설 없이 반도체 설계/개발만을 수행하는 것을 말한다.

시스템 반도체 시장의 절대 강자는 미국의 인텔(Intel)이다. 인텔은 삼성전자와 함께 전체 반도체 시장 매출 1, 2위를 다투고 있는 기업으로서 경쟁 관계에 있다고 볼 수도 있지만 한편으로는 두 기업의 핵심 사업 분야가 각각 시스템 반도체와 메모리 반도체라는 점에서 조금은 성격이 다른 기업이다.

인텔은 시스템 반도체 분야에서 독보적인 위치를 차지하고 있는데, 최근에는 메모리 반도체 시장에서도 존재감을 키우고 있다. 특히, 인텔이 지난 2019년 9월 소개한 '인텔 옵테인 퍼시스턴트 메모리'와 '옵테인 SSD'를 선보였다는 점이 주목할 만하다. 인텔은 클라우드 기업들의 본격적인 데이터 센터 확장으로 인해 메모리 반도체 시장이 크게 커질 것을 예상하고 메모리 반도체와 시스템 반도체가 결합된 제품을 선보이고 있다. 이런 인텔의 행보는 삼성전자와 SK하이닉스 등 메모리 반도체 사업을 영위하는 기업들에게 위협이 될 만한 요소이다.

인텔이 메모리 반도체 시장에서 공격적인 행보를 보인 성과는 이미 가시화되고 있다. 지난 2019년 3분기 기준, 인텔은 낸드플래시 시장 점유율에서 10.9%를 달성하면서 5위를 기록했다. 이는 전년 동기(8.7%)보다 점유율이 높아진 결과이며, 영업이익은 2019년 2분기 대비 37.2%나 상승하면서 주요 반도체 기업 중 가장 높은 영업이익 증가율을 보여주

표 3-3 글로벌 반도체 제조사 순위(2019년 1분기 매출액 기준)

순위	기업
1	인텔(미국)
2	삼성(한국)
3	TSMC(대만)
4	SK하이닉스(한국)
5	마이크론 테크놀로지(미국)

었다. 2019년 3분기 기준, 낸드플래시 시장 점유율을 살펴보면 삼성이 1위(33.5%), 키옥시아(KIOXIA, 18.7%)가 2위, 웨스턴디지털(WDC, 13.7%)이 3위, 마이크론 테크놀로지(12.9%)가 4위를 기록하고 있으며, SK하이닉스(9.6%)가 인텔에 자리를 내주면서 6위로 내려앉았다.

　파운드리 분야에서 세계 1위 기업은 대만의 TSMC이다. 파운드리 전문 기업인 TSMC는 애플의 아이폰, 아이패드 등에 탑재되는 모바일 프로세서(AP) A시리즈를 위탁 생산하는 기업으로 잘 알려져 있다. 2019년 3분기 기준으로 TSMC는 세계 시장 점유율 약 50%를 차지하고 있고, 삼성전자(약 18%), 미국의 글로벌파운드리(약 8%), 대만의 UMC(약 7%)가 뒤를 잇고 있다. 삼성전자는 TSMC를 따라잡고 세계 시장 1위를 목표로 한다고 했지만, 대만의 TSMC 역시 2019년 6월 대규모 투자 계획을 발표하고 사상 최대 실적을 올리는 등 삼성전자와의 격차를 벌리기 위한 움직임을 보여주고 있다.

표 3-4 비메모리 반도체 기업 순위

팹리스 기업 순위(2018년 기준)		파운드리 기업 순위(2018년 기준)	
1위	퀄컴(미국)	1위	TSMC(대만)
2위	엔비디아(미국)	2위	삼성전자(한국)
3위	미디어텍(대만)	3위	글로벌파운드리(미국)
4위	AMD(미국)	4위	UMC(대만)
5위	하이실리콘(중국)	5위	SMIC(중국)
19위	실리콘웍스(한국)	11위	DB하이텍(한국)

4차 산업혁명 시대를 준비하는 퀄컴(Qualcomm), 엔비디아(NVIDIA), AMD, 애플(Apple) 등 팹리스 기업들의 위탁 생산 수요는 향후에도 지속적으로 증가할 것으로 예상되고 있기 때문에 이에 따라 파운드리 시장의 규모 역시 지속적인 성장을 구가할 것으로 예상된다. 따라서 삼성전자가 점유율을 지속적으로 높여나간다면 시스템 반도체 분야에서도 큰 성과를 낼 수 있을 것으로 기대된다.

팹리스 기업은 반도체 설계만 하는 기업을 말한다. 반도체 생산 공장을 가지지 않고 설계만 한 뒤 파운드리 기업에 위탁 생산하는 방식이다. 팹리스 기업은 제품을 개발(설계)하여 위탁 생산된 반도체 제품을 판매하거나 자신들의 제품에 탑재하여 판매하는 등의 형태를 보인다. 대표적인 기업으로 퀄컴, 엔비디아, AMD, 애플 등이 있으며 우리나라에는 실리콘웍스(세계 19위), 텔레칩스 정도가 있다.

5G 통신 기반의 자율주행 자동차 시대, 인공지능 탑재 로봇의 등장, NPU가 내장된 AP 탑재로 머신 러닝이 가능한 스마트폰의 출시 등 점점 똑똑해지는 IT 제품의 영향으로 시스템 반도체의 수요는 더욱 늘어날 전망이다. 따라서 투자자라면 반도체 시장의 파이가 커지는 것을 인지하는 것에서 한 발 더 나아가 어떤 기업이 어느 분야에서 강점을 보이는지도 파악해두면 투자에 많은 도움이 될 것이다.

○ 팹리스(Fabless): 반도체 설계 전문 회사로 제조 설비를 뜻하는 패브리케이션(Fabrication)과 리스(Less)를 합성한 말이다. 즉, 공장 없이 반도체를 생산하는 기업을 말한다.

○ 파운드리(Foundry): 다른 업체(주로 팹리스 기업)가 설계한 반도체를 생산/공급하는 것. 대표적으로 애플의 AP를 위탁 생산하는 대만의 TSMC가 있으며, 팹리스 기업과 공생 관계를 맺고 있다.

○ 반도체 종합 업체(IDM): 반도체 업체의 한 종류로 설계, 제작, 시험, 패키지, 판매 작업 등 모든 생산 과정을 수행하는 기업. 대표적으로 삼성전자와 SK하이닉스 같은 종합 반도체 기업이 있다.

○ SSD(Soild State Drive): 반도체를 이용하여 정보를 저장하는 장치이다. 빠른 속도가 장점이며 주로 노트북 PC에 탑재되어 많이 쓰였으며, 최근에는 HDD, 외장 HDD를 대체하는 제품으로 자리 잡았다.

○ 옵테인 SSD: '옵테인'은 인텔이 생산/판매하는 하나의 제품군을 의미한다. 대표적으로 옵테인 SSD가 있으며, 옵테인 메모리, 옵테인 DC 퍼시스턴트 메모리, 옵테인 메모리 SSD 등이 있다.

2019년 한 해 동안 메모리 반도체 시장은 긍정적이지 못했지만, 2020년 1분기 이후부터는 업황 개선이 시작될 것이라는 이야기가 많기 때문에 주목해볼 만하다. 한편, 시스템 반도체에 대한 관심이 높아지는 가운데 파운드리 시장 1위 기업인 TSMC의 실적은 2019년 내내 상승세를 보였고 급기야 2019년 11월 말에는 TSMC의 시가총액이 17년 만에 삼성전자를 넘어섰다. 이처럼 반도체 시장은 지속적으로 파이가 커지고 있다. 반도체 관련 기업으로는 아래와 같은 기업이 있다.

- 삼성전자: 메모리 반도체(D램, 낸드 플래시) 압도적인 세계 시장 점유율 1위 기업이다.

- SK하이닉스: D램 시장 점유율 2위, 낸드플래시 시장 점유율 6위(2019년 3분기 기준)를 기록하고 있지만, 메모리 반도체 업황에 따라서 주가 등락폭이 큰 편이다.

- 실리콘웍스: 주로 디스플레이용 반도체를 설계/판매하는 팹리스 기업이다. 2014년 LG그룹에 인수되었다.

- 인텔: 시스템 반도체 세계 1위 기업이자, 반도체 산업 매출 1위 기업이다. 최근에는 메모리 반도체 분야에서도 두각을 나타내고 있다.

- AMD: CPU 분야에서 인텔과 경쟁하는 유일한 기업이며, GPU 분야에서는 엔비디아(NVIDIA)와 경쟁하는 기업이기도 하다. 2019년 하반기 AMD의 CPU 시장 점유율이 빠르게 올라가면서 인텔을 넘어서는 돌풍을 일으켰다.

- 엔비디아: 그래픽 처리 장치(GPU) 분야에서 독보적인 위치를 차지하고 있는 기업이다. AI 기술 기업으로서의 행보를 이어가고 있으며, 스스로를 AI 컴퓨팅 기업이라고 부르고 있다.

- DB하이텍: 국내 반도체 기업 중 삼성전자, SK하이닉스 등과 함께 파운드리 사업을 영위하고 있는 기업이다. 파운드리 시장의 성장과 함께 매출도 늘어나고 있다.

- 텔레칩스: 지능형 반도체 팹리스 기업으로서 매출액 기준으로 국내 2위(2018) 기업이다(국내 팹리스 기업 중 매출 1위는 실리콘웍스).

이외에도 여러 기업이 있으니 관련 업종 투자에 관심이 있다면 증권사 리포트와 뉴스 등을 참고하기 바란다.

AI의 눈 :
이미지 센서와 카메라

　우리나라의 삼성전자와 LG전자는 글로벌 가전제품 시장을 선도하고 있다. 최근에는 냉장고, TV, 의류 건조기, 의류 관리기를 비롯한 생활 가전에 AI 기술이 접목되어 생활에 편리함을 더하고 있다. 2019년 9월, 독일 베를린에서 열린 국제 가전 박람회 IFA 2019에서 AI가 전면에 등장했는데, 이는 AI가 어느 특정 분야에서만 활용되는 것이 아니라 가전제품을 비롯한 우리의 모든 일상에 두루 적용될 것임을 보여주는 대표적인 사례이다.

　똑똑한 냉장고, TV, 의류 건조기, 의류 관리기는 어떻게 우리의 라이프 스타일을 바꿀까?

　AI가 탑재된 냉장고 속에 어떤 음식이 들어 있는지, 음식이 냉장고에 들어온 지 며칠이 지났는지, 음식이 상했는지 여부는 어떻게 파악하고 알 수 있을까?

냉장고에 있는 음식의 부패 정도를 확인하기 위해서는 어떤 원리가 작동할까? 답은 간단하다. 사람이 하는 행동을 AI도 할 수 있도록 하면 된다. 그렇다면 사람은 어떻게 음식이 상했는지 여부를 확인할까? 가장 먼저 '눈'으로 음식의 상태를 확인한다. 과일이나 채소라면 무른 곳이 있거나 곰팡이가 생기지 않았는지 확인한다. 마찬가지로 냉장고 속에 어떤 음식이 들어 있는지 확인하고, 음식을 넣은 지 며칠이 지났는지 파악하고, 냉장고에 있는 재료로 무엇을 만들 수 있는지 레시피 정보를 찾아서 주인의 스마트폰에 알람을 보낸다. 그렇게 하려면 어떤 물건들이 냉장고에 들어 있는지 먼저 스캔해야 한다. AI가 탑재되어 있다고 해서 되는 것이 아니라 음식을 스캔할 수 있는 '눈'이 있어야 한다.

다른 가전제품을 생각해보자. 의류 건조기에 AI가 탑재되어 있고, '건조' 버튼 하나만 누르면 AI가 의류의 종류와 상태를 확인해서 최적화된 건조 기능을 선보일 수 있다고 한다면, AI는 어떻게 무엇을 근거로 의류의 상태를 파악할까? 어떤 건조 방식을 사용할 것인지는 기존의 의류 데이터를 통해서 결정하면 되지만, 가장 중요한 과정인 '의류의 종류와 상태'를 파악하기 위해서는 의류를 스캔하는 '눈'이 필요하다.

의류 관리기도 마찬가지다. 의류의 상태를 파악하고 최적화된 코스로 의류 관리기를 작동시키기 위해서는 의류의 상태를 면밀히 파악할 수 있는 '눈'이 필요하다.

TV는 좀 다를 것 같은가? TV 앞에 앉아서 채널을 돌려가면서 무엇을 봐야 할지 고민하는 사람이 있다. 이런 주인을 위해 채널을 추천해주고 프로그램을 자동으로 틀어주는 TV가 있다면 어떨까? 주인의 얼굴 표정에 드러나는 기분을 고려해서 TV가 스스로 결정해서 TV 프로그램을 틀어주는 것인데, 그 TV는 무엇으로 주인의 표정에서 기분을 읽어낼까? 주인의 얼굴을 스캔하는 '눈'이 있어야 한다.

AI는 현실 세계에 실체가 없는 하나의 프로그램이다. 컴퓨터나 스마트폰 속에서는 강력한 힘을 발휘할 수 있지만 스스로 현실 세계의 정보를 받아들이거나 영향을 줄 수는 없다. 그렇기 때문에 외부 사물의 정보를 받아들일 수 있는 장치가 필요한데 그것이 바로 카메라, 이미지 센서이다. 사람은 눈을 통해 정보를 받아들이고 반응한다. 이미지 센서가 작동하는 원리는 사람이 외부 사물의 정보를 받아들이고 인식하는 것과 동일하다. 시각을 잃는다면 청각, 후각 그리고 촉각을 이용할 수밖에 없는데 이들은 반응 속도가 대단히 느리거나 부정확하다는 단점이 있다. 정보를 파악하는 데 있어 눈은 가장 빠르고 정확하다. 그렇기 때문에 AI와 카메라, 이미지 센서는 함께할 수밖에 없다.

가전제품에 탑재된 AI에만 '눈'이 필요할까? AI가 탑재되는 모든 사물은 스스로 움직이고 판단하기 위해 '눈'을 가질 수밖에 없다. 자율주행 자동차에는 수많은 센서와 카메라가 탑재되고 실시간으로 많은 양의 데이터를 받아들이고 반응하게 될 것이라고 한다. 자율주행 자동차가 하루 동안 만들어내는 데이터의 양은 최대 4테라바이트(4,000기가바이트)가 될 것이라고 하는데, 그중에서 가장 큰 부분을 차지하는 것이 카메라를 통해 받아들여진 정보를 분석하고 판단하면서 생성되는 데이터라고 한다.

로봇도 마찬가지다. 동물 로봇, 휴머노이드 로봇에도 AI가 탑재될 것이다. 이들 로봇에도 수많은 센서와 카메라가 탑재될 것이다. 외부 정보를 받아들이고 스스로 판단하면서 여러 가지 임무를 수행해야 할 때 모

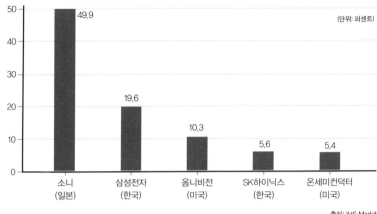

그림 3-24 글로벌 이미지 센서 시장 점유율

(단위: 퍼센트)

소니
(일본) 49.9

삼성전자
(한국) 19.6

옴니비전
(미국) 10.3

SK하이닉스
(한국) 5.6

온세미컨덕터
(미국) 5.4

출처: IHS Markit

든 기본적인 정보는 카메라를 통해서 습득하게 된다. AI가 탑재되어 스스로 움직이는 드론에서도 카메라는 가장 중요한 부품이 될 것이 불을 보듯 뻔하다.

일본 기업인 소니는 현재 카메라 이미지 센서 분야에서 압도적인 세계 1위를 기록하고 있다. 소니의 시장점유율은 2019년 1분기 기준으로 약 50%에 달한다. 그 뒤를 삼성전자가 약 20%의 점유율로 따라가고 있다. 소니와 삼성전자, 두 기업의 전 세계 이미지 센서 시장 점유율이 70%에 육박할 정도로 독과점 시장이 형성되어 있다. 사실상 이미지 센서 시장은 두 기업의 독무대이다. 이런 상황에서 삼성은 지난 2019년 8월, 최초로 1억 화소의 벽을 깬 '1억 8백만 화소'의 모바일 이미지 센서 '아이소셀 브라이트 HMX'를 선보였다. 삼성전자는 현재 소니를 빠른 속도로 추격하고 있다.

이미지 센서는 스마트폰 카메라의 핵심적인 부품이며 자율주행 자동

그림 3-25 글로벌 이미지 센서 시장 규모

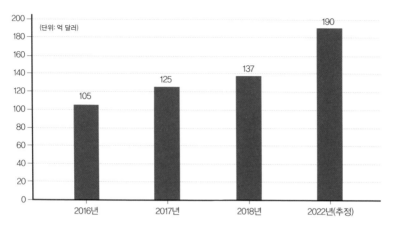

출처: IC insights

차에도 핵심적인 부품 중 하나이다. 스마트폰 시장의 성장이 정체되면서 관련 기업들의 주가 역시 침체기를 겪었지만, 5G 스마트폰의 보급 활성화로 스마트폰 시장이 다시 활력을 되찾을 것이라는 전망이 있다. 또한 자율주행 자동차와 드론 보급이 활성화된다면 이미지 센서에 대한 수요도 크게 증가할 가능성이 높다. 따라서 이미지 센서, 카메라 관련 기업들에 대한 관심도 가져보기 바란다.

용어
정리

○ 이미지 센서: 빛을 전기적 디지털 신호로 변환시키는 반도체로, 스마트폰 카메라, 자율주행 자동차 등에 활용된다.

○ IFA(Internationale Funkausstellung): 매년 9월 독일 베를린에서 열리는 가전 박람회로서 전 세계 IT 기업들이 새로운 제품과 기술력을 과시하는 자리이다. 미국 CES(Consumer Electronics Show), 스페인 MWC(Mobile World Congress)와 함께 세계 3대 가전정보통신(IT) 전시회로 꼽힌다.

이미지 센서와 카메라 모듈은 미래에 스마트폰뿐만 아니라 다양한 곳에 사용될 것이다. AI 기술이 발전함에 따라 이미지 센서, 카메라를 탑재한 로봇과 자율주행 자동차 등이 등장하는 것은 필연적이다. 또한 스마트폰 시장에서 2개(듀얼), 3개(트리플)의 카메라 탑재는 당연한 추세인 만큼 이미지 센서와 카메라 모듈에 대한 수요는 큰 폭으로 늘어날 것이다. 이와 관련된 기업은 다음과 같다.

- 소니: 이미지 센서 분야에서 세계 최고 기술력을 바탕으로 시장 점유율 1위를 기록하고 있다. 소니는 기술 기업인 동시에 콘텐츠 기업이기도 하다. 대표적으로 소니 뮤직과 컬럼비아픽처스 등의 자회사를 가진 소니픽처스를 소유하고 있다.

- LG이노텍: 오랫동안 애플과 긴밀한 관계를 구축하면서 아이폰에 카메라 모듈을 공급하고 있다.

- 삼성전기: LG이노텍과 함께 우리나라의 대표적인 카메라 모듈 공급 업체로서 삼성전자 스마트폰 등에 카메라 모듈을 공급하고 있다.

이외에도 여러 기업이 있으니 관련 업종 투자에 관심이 있다면 증권사 리포트와 뉴스 등을 참고하기 바란다.

미래를 여는 창:
OLED

　삼성전자는 2019년 9월, 접히는 스마트폰으로 불리는 '갤럭시 폴드 (Galaxy Fold)' 판매를 시작했다. 2월에 실물이 공개된 이후, 여러 차례 출시일이 연기되면서 폴더블폰 기술력에 대한 의구심을 자아냈지만 출시 이후에는 큰 관심 속에서 극찬을 받았다. 또한 적은 물량 탓에 중고 시장에서는 수백만 원의 웃돈이 붙어 거래되기도 했고, 출시되는 국가마다 완판 행진을 이어가고 있다.

　갤럭시 폴드의 핵심 기술은 무엇일까? 200만 원이 넘는 스마트폰에는 여러 가지 최신 기능이 탑재되어 있지만 무엇보다도 '접히는 디스플레이 (Foldable Display)'가 가장 큰 특징이다. 접히는 디스플레이를 완벽하게 구현하기 위해 많은 기술이 접목되었지만 그 근본은 결국 OLED 기술, 디스플레이가 핵심이다. 삼성디스플레이(삼성전자의 비상장 계열회사)는 세계 최고의 OLED 기술을 가진 기업이고, 삼성전자는 세계 스마트폰 시장 점유율 1위 기업으로서 이러한 강점을 살려 세계 최초의 폴더블폰인 '갤럭시 폴드'를 출시할 수 있었다.

글로벌 시장 조사 기관인 IDC는 "삼성의 폴더블폰 출시는 스마트폰 시장에 새로운 전기를 마련했다."라고 평가했고, "화웨이를 비롯한 다른 기업들도 삼성으로부터 자극받아 폴더블폰 시장에 본격적으로 뛰어들 것이며 이로 인해 2020년부터는 폴더블폰 시장이 큰 폭으로 성장하게 될 것."이라는 전망을 내놓았다. 또한 디스플레이 전문 시장 조사업체 DSCC는 폴더블폰 시장의 성장과 함께 OLED 수요 또한 큰 폭으로 늘어날 것으로 전망했다. 폴더블폰의 등장은 디스플레이 시장에 대한 관심을 불러일으키는 동시에 OLED 기술의 중요성을 부각시키고 있다.

OLED의 가장 큰 특징은 '휘어진다는 것'이다. 휘어진 상태에서도 화면이 온전히 구현되는 특성은 소비자에게 세련된 느낌을 전해줬고, 삼

그림 3-26 다임러(메르세데스-벤츠)의 자율주행 자동차 콘셉트 카

출처: 다임러AG

성전자는 휘어지는 특성을 스마트폰에 적용하여 '엣지 디스플레이(edge display)'를 선보인 바 있다. 삼성전자의 주도 아래 휘어지는 특성을 가진 디스플레이가 스마트폰에 주로 적용되어 왔는데, 이 기술은 스마트폰에만 국한될까? 답은 당연히 '그렇지 않다'이다.

앞의 [그림 3-26]은 메르세데스-벤츠의 모회사 다임러(Daimler AG)가 소개한 자율주행 자동차 콘셉트 카 이미지이다. 자율주행 자동차 시대에는 운전자가 운전대를 잡을 필요가 없기 때문에 이미지 속의 자동차 앞뒤 좌석은 회의실처럼 마주보고 있다. 그리고 또 한 가지 눈에 띄는 점은 차량의 문(내부)에 '디스플레이'가 설치되어 있다는 것이다. 이 디스플레이에는 외부 카메라를 통해 바깥 풍경이 나타날 수도 있고, 인터넷 검색 화면, 동영상, 게임 화면, 회의를 위한 프레젠테이션 화면이 표시될 수도 있다.

여기에서 눈여겨봐야 할 포인트는 자율주행 자동차 시대의 차량 내부에는 대화면의 OLED가 설치되고, 이 화면이 여러 가지 활동에 사용될 것이라는 점이다. 차량 문 안쪽과 차량 뒤쪽 유리창 외에 대시보드에도 대화면의 OLED가 설치되어 차량과 관련된 각종 정보가 표시될 것이다. 이런 흐름에 따라 이미 삼성디스플레이와 LG디스플레이 등은 차량용 디스플레이(Automotive Display) 개발에 매진하고 있다고 한다.

OLED는 휘어진다는 특성과 소모 전력이 적다는 점 때문에 다양한 곳에 장착/내장되어 사용될 수 있다. 스마트폰에서부터 차량용 디스플레이, 그리고 각종 전자기기에는 앞으로 OLED 디스플레이가 탑재될 것이며, TV를 비롯한 각종 전자 제품에도 OLED 디스플레이가 사용될 것이다. 앞으로 OLED의 수요는 폭발적으로 늘어날 것으로 예상한다. 관련 기업들도 기술 개발과 함께 생산량을 늘리기 위해 기민하게 움직이고 있다. 따라서 디스플레이 시장에서 두각을 나타내는 기업에 관심을 가져 볼 필요가 있다.

- ○ OLED: Organic Light Emitting Diodes의 줄임말. 디스플레이의 기본 단위인 픽셀(Pixel)에 유기 물질을 사용해 이미지를 표현하는 디스플레이. 전류가 흐를 때 빛을 내는 유기 물질을 활용해 빛을 내는 방식이므로 '자체 발광 디스플레이'에 속하며, 이런 특성은 백라이트를 통해 빛을 공급받아 표현하는 LCD와의 차이점이다. 특히, 유연하게 구부러지는 특성이 있어 여러 가지 제품에 활용할 수 있다.

- ○ LCD: Liquid Crystal Display의 줄임말. '액정'을 핵심 소재로 한 평판 디스플레이다. 액정(Liquid Crystal)이란 액체와 고체의 성질을 함께 가지고 있는 물질. LCD는 액정 자체가 빛을 뿜지 못하기 때문에 패널 뒷면에서 백색의 빛을 비추는 백라이트의 도움을 받아야 하며, 다양한 색 표현을 위해 컬러 필터를 사용한다.

- ○ 다임러 AG: 메르세데스-벤츠 브랜드를 소유한 독일의 자동차 회사이다. 1926년 다임러와 벤츠가 합병하여 다임러-벤츠가 설립되었으며, 2007년 다임러 AG로 사명이 변경되었다. 중국의 지리자동차는 2018년 다임러 AG의 지분을 대거 사들이면서 1대 주주가 되었다.

글로벌 디스플레이 시장은 사실상 한중일 3국이 장악하고 있다. 그중에서도 한국의 LG 디스플레이와 삼성디스플레이가 세계 최고 수준의 기술력을 보유하고 있으며, 최근에는 BOE 등 중국 기업들이 디스플레이 시장 점유율을 높여가면서 우리나라 기업들을 위협하고 있다. 사실상 LCD 시장은 중국 기업들이 완전히 장악했다고 볼 수 있으며, OLED 시장에서도 빠른 속도로 삼성디스플레이와 LG디스플레이를 쫓아오고 있다. OLED 관련 기업은 다음과 같다.

- 삼성전자: 삼성디스플레이를 계열회사로 가지고 있다. 삼성디스플레이는 소형 OLED 패널 세계 최고 기술력을 가진 기업이다. 애플을 비롯한 여러 기업들을 고객사로 두고 있다.

- LG디스플레이: 대형 OLED 분야에서 강점을 지닌 기업이다. 다만 중국의 BOE가 빠르게 추격해오고 있고, 중국 기업들이 대량 생산 체제를 갖추면서 물량 공세를 펼친다는 점에서 부정적인 요소가 존재한다.

- 에스에프에이: 디스플레이기기 제조 장비를 제작/공급하는 기업이다. OLED 생산 장비를 공급한다는 점에서 OLED 시장이 커지면서 수혜를 입을 가능성이 높다.

- 주성엔지니어링: 반도체 및 디스플레이, OLED 제조 장비를 제작/공급하는 기업이다. 중국이 반도체, 디스플레이에 대한 투자를 늘려감에 따라 수혜를 받을 가능성이 높다.

이외에도 여러 기업이 있으니 관련 업종 투자에 관심이 있다면 증권사 리포트와 뉴스 등을 참고하기 바란다.

부록

주식투자자라면
꼭 알아야 할
유용한 정보

폭락장의 원흉
'신용융자'와 '신용잔고'
확인하는 방법

지난 2019년 8월 6일, 코스피 지수가 3년 중 최저점을 찍을 때 한국 경제의 부정적인 측면이 부각되면서 많은 사람들이 주식을 팔았다. 같은 날 코스닥 지수는 2014년 12월 이후 최저점을 기록하면서 햇수로는 5년 만에 최저점을 기록하는 등 더 큰 낙폭을 보여주었다. 코스닥 시장은 주로 개인들이 거래를 많이 하는 곳이라는 점에 비춰본다면 개인들의 손실 폭이 기관이나 외국인들에 비해서 더 컸을 것이라고 짐작할 수 있는 대목이다. 실제로 8월 6일을 기점으로 직전 5거래일(일주일) 간의 코스피와 코스닥의 하락률을 비교해보면 코스닥의 하락률은 -10%를 넘었는데, 이는 코스피의 두 배가 넘는 하락률이다. 지수 하락률이 -10%를 넘었다는 말은 개별 종목에서는 일주일 동안 -20%~-30%까지 하락하는 종목들이 상당히 많았다는 것을 의미한다.

코스닥이 크게 하락하면서 많은 개인 투자자들이 큰 손실을 입었을 것이라는 이야기가 나왔는데, 낙폭이 유난히 컸던 원인으로 '신용융자 물량의 강제 청산(반대 매매)'이 지목되었다. 개인 투자자들이 돈을 빌려 투자한 종목들이 하락하면서, 증거금 부족으로 인해 자동으로 시장가 매도 주문이 들어갔고 이로 인해 지수의 낙폭이 더 커질 수밖에 없었다는 분석이 있었다.

신용융자는 주식 계좌 증거금을 담보로 개인 투자자들이 증권사나 스탁론 업체로부터 돈을 빌려 주식에 투자하는 제도이다. 이를 이용하면 상승장에서는 레버리지 효과로 인해서 큰 수익을 낼 수 있다. 하지만 하락장에서는 손실이 눈덩이처럼 불어난다는 점에서 리스크가 매우 큰 투자 방법이다. 신용융자 잔고 추이는 금융투자협회 홈페이지에 매일 고시하는데, 신용융자가 늘어나면 주식시장에 유입되는 자금이 늘어나면서 상승탄력을 받는다는 측면에서 긍정적이라고 할 수 있지만, 신용융자 잔고가 많이 늘어난 시점에서는 어김없이 주식시장이 조정받으며 주가 지수 낙폭을 키우는 원인이 된다. 이런 점에서 지속적으로 신용융자 잔고 추이를 확인하면서 주식투자에 임하는 것도 시장의 흐름을 파악하는 데 도움이 된다.

다음은 금융투자협회에서 제공하는 '신용융자 현황'을 직접 확인하는 방법이다.

별도의 모바일 페이지가 제공되지 않기 때문에 PC와 모바일 모두 동일한 방법으로 확인할 수 있으며, 되도록이면 PC를 통해서 좀 더 꼼꼼하게 데이터를 확인하는 것이 좋다.

● 금융투자협회 홈페이지 [http://freesis.kofia.or.kr]에 접속한 다음 순서대로 따라 하면서 신용융자 추이를 확인해보자.
  (도메인 주소를 직접 입력해 페이지를 찾는 편이 좋다.)

신용융자 규모/추이 확인하는 방법_____

금융투자협회 홈페이지에 접속한 후, 좌측의 '신용융자(①)' 항목 선택.

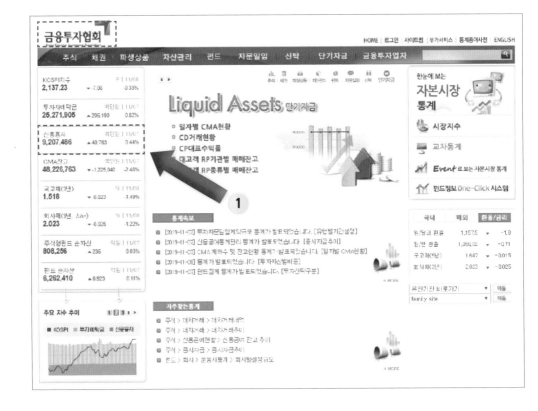

조회 기간 선택(②) 후 [조회] 버튼(③) 클릭 → 출력 형태 [그래프]로 설정(④).

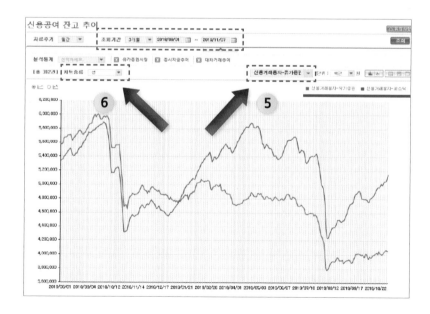

확인하고 싶은 데이터 선택(⑤), 차트 종류 선택(⑥) 등 본인 기호에 맞게 설정.

기업 실적 발표 직후, '주당순이익(EPS)' 확인하는 방법

　본문에서 주가의 흐름과 매매 전략에 대해 설명하면서 기업의 실적이 매우 중요한 요소라는 사실을 강조했다. 실제로 주가의 흐름 역시 실적이 좋을 것으로 예상되거나 좋다고 확인되었을 때 상승하는 모습을 보여준다.

　'실적'이라는 말에는 매출, 영업이익, 당기순이익, 주당순이익이라는 요소가 혼재되어 있고, '이익'이라는 개념 역시 영업이익, 당기순이익, 주당순이익 등으로 나뉘지기 때문에 이 책에서는 '주당순이익(EPS)'으로 정의한다고 밝힌 바 있다. 주당순이익은 피터 린치를 비롯한 여러 전설적인 투자자들이 중요하게 여겼던 개념이며, 주식의 저평가를 논할 때 기준으로 삼는 PER의 개념과도 밀접한 관련이 있다.

PER과 EPS로 목표 주가 계산하는 법
PER = 주가 ÷ EPS
(목표) 주가 = EPS × PER

　증권사의 매매프로그램(MTS, HTS)에서 제공하는 기업 정보(재무제표 정보)에서 EPS를 확인할 수 있지만, 증권사 프로그램에 실적 발표 자료가

반영되는 데는 약간의 시간이 필요하기 때문에 본인이 직접 전자공시 사이트에서 실적 발표 자료를 발표 당일에 확인하고 빠르게 대응하는 것이 좋다. 여기에서는 본문에서 중요하게 다뤘던 '주당순이익(EPS)'을 빠르게 확인하는 방법을 소개하겠다.

1. 전자공시 사이트 http://dart.fss.or.kr 접속(모바일 버전 주소는 m.dart.fss.or.kr).

2. 회사명 입력(①) 후, 검색(②) 클릭.

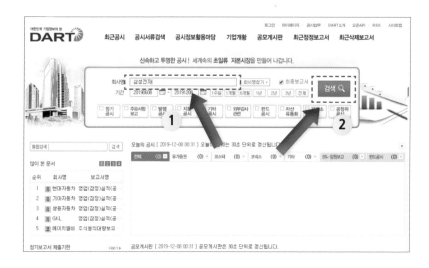

3. 분기보고서, 반기보고서, 사업보고서 등 클릭(③).

※ 참고 ※

1분기, 3분기-분기보고서 / 2분기-반기보고서 / 4분기-사업보고서

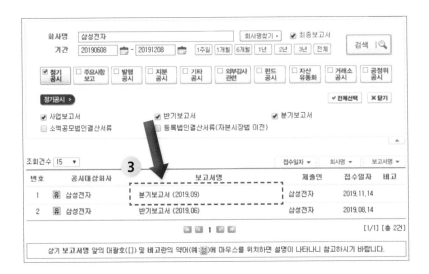

4. 왼쪽 항목에서 '연결재무제표(④)' 클릭.

계열회사가 없는 경우, '재무제표'를 클릭하면 됨(연결재무제표가 공란일

경우).

5. 스크롤을 아래쪽으로 내려서 '연결 손익계산서' 여러 항목 중, 아래
  쪽에 주당이익(⑤) 확인.

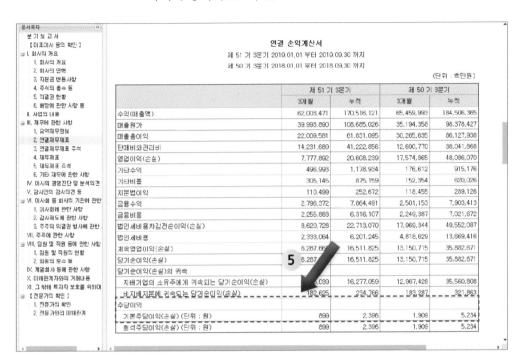

연결 손익계산서
제 51 기 3분기 2019.01.01 부터 2019.09.30 까지
제 50 기 3분기 2018.01.01 부터 2018.09.30 까지

(단위 : 백만원)

	제 51 기 3분기		제 50 기 3분기	
	3개월	누적	3개월	누적
수익(매출액)	62,003,471	170,516,121	65,459,993	184,506,365
매출원가	39,993,890	108,885,026	35,194,358	98,378,427
매출총이익	22,009,581	61,631,095	30,265,635	86,127,938
판매비와관리비	14,231,689	41,222,856	12,690,770	38,041,868
영업이익(손실)	7,777,892	20,608,239	17,574,865	48,086,070
기타수익	496,993	1,178,934	176,612	915,176
기타비용	305,145	875,159	152,354	620,026
지분법이익	110,499	252,672	118,455	289,126
금융수익	2,796,372	7,864,491	2,501,153	7,903,413
금융비용	2,255,883	6,316,107	2,249,387	7,021,872
법인세비용차감전순이익(손실)	8,620,728	22,713,070	17,969,344	49,552,087
법인세비용	2,333,064	6,201,245	4,818,629	13,669,416
계속영업이익(손실)	6,287,66?	16,511,825	13,150,715	35,882,671
당기순이익(손실)	6,287,?	16,511,825	13,150,715	35,882,671
당기순이익(손실)의 귀속				
지배기업의 소유주에게 귀속되는 당기순이익(손실)	?,039	16,277,059	12,967,428	35,560,808
비지배지분에 귀속되는 당기순이익(손실)	182,625	234,766	183,287	321,863
주당이익				
기본주당이익(손실) (단위 : 원)	899	2,396	1,909	5,234
희석주당이익(손실) (단위 : 원)	899	2,396	1,909	5,234

투자에 유용한 사이트

순번	사이트 명/설명	주소
1	금융감독원 전자공시 사이트	http://dart.fss.or.kr
	• 주식투자자라면 반드시 드나들어야 하는 사이트이다. • 코스피/코스닥 상장 기업의 공시 정보가 등록되는 곳이다. • 분기, 반기, 사업보고서 및 감사보고서 등을 이곳에서 가장 먼저 확인할 수 있다.	
2	한국거래소 기업공시채널	http://kind.krx.co.kr/
	• 한국거래소에서 운영하는 기업공시채널 사이트이다. • 상장 기업들의 공시 정보를 확인할 수 있으며, 개별 기업 검색 시 주가, 차트 정보 등도 함께 볼 수 있다. • 본질적으로는 금융감독원 전자공시 사이트와 동일한 정보를 이용할 수 있다.	
3	기업 IR 정보 모음 사이트	https://www.irgo.co.kr
	• 상장 기업들의 공시 정보, IR 소식과 자료를 확인할 수 있는 곳이다. • 자료가 깔끔하게 정리되어 있다는 점이 장점이다.	
4	네이버 뉴스 스탠드	https://newsstand.naver.com
	• 네이버에서 제공하는 뉴스 서비스이다. • 이곳에서 다양한 신문사의 일간 신문을 무료로 볼 수 있다. • 매일 꾸준히 1~2개 신문을 읽을 것을 권한다.	
5	세인트루이스연준(FRED)	https://fred.stlouisfed.org
	• 미국 세인트루이스 연방준비은행에서 제공하는 경제 통계 자료를 볼 수 있는 사이트이다. • 세계 각국의 경제 지표를 그래프로 확인할 수 있고, 비교할 수 있다. • 영어로 된 사이트이기 때문에 영어가 약하다면 구글 번역을 이용하거나, 인터넷 검색을 통해 사용법을 찾아볼 것을 권한다.	
6	한경컨센서스(리포트 모음)	http://consensus.hankyung.com
	• 한국경제신문에서 운영하는 증권사 리포트 모음 사이트이다. • 증권사의 기업/산업/시장/경제/파생상품 등 다양한 분야의 리포트를 볼 수 있다.	

7	매일경제증권(MK증권 ·리포트 모음)	http://vip.mk.co.kr

- 매일경제신문에서 운영하는 증권 관련 사이트이다.
- 기업에 관한 뉴스뿐만 아니라, 증권사 리포트도 함께 볼 수 있다.
- 리포트에 담긴 기업 분석 내용을 신문 기사 형식으로 볼 수도 있다.

8	네이버 증권(증권사 리포트)	https://finance.naver.com/research

- 네이버 증권(finance.naver.com)에 있는 '투자전략' 섹션이다.
- 시황/종목/경제/산업 등 증권사의 리포트가 있다.

9	인베스팅닷컴	https://www.investing.com

- 주식 관련 정보를 볼 수 있는 해외 사이트이다.
- 전 세계 거의 모든 종목의 차트를 검색할 수 있다.
- 미국 기업들의 실적 컨센서스와 실적 발표 결과를 확인할 수 있기 때문에, 미국 주식투자를 하는 사람이라면 반드시 알고 있어야 하는 사이트이다.

10	금융투자협회 종합포털 ·금융 동향	http://freesis.kofia.or.kr

- 주식시장, 파생상품, 채권시장, 펀드 자금 유출입 동향 등 각종 자본시장 통계를 확인할 수 있는 곳이다.
- 신용융자 잔고 추이도 이곳에서 확인할 수 있다.

11	빅카인즈 ·키워드 데이터 통계	https://www.kinds.or.kr

- 한국언론진흥재단에서 운영하는 키워드 빅데이터 서비스를 제공하는 사이트.
- 특정 키워드가 언론에 얼마나 노출되었는지를 확인할 수 있고 분석 데이터를 제공한다.
- 언론 노출 빈도가 높을수록 사람들의 관심도가 높다는 점을 투자에 활용하면 좋다.

12	SMIC ·기업 분석 리포트	http://snusmic.com

- 서울대투자연구회에서 운영하는 곳으로 분기별로 기업분석 자료가 업데이트된다.
- 기업분석 자료는 연구회 소속 멤버들이 해당 기업을 다각도로 분석한 자료이므로 투자 참고자료로 활용하면 좋다.

13	증권정보포털	http://www.seibro.or.kr
	• 증권 시장에 대한 정보를 제공하는 사이트이다. • 주식 〉 배당정보 메뉴에서 배당금액과 지급일 정보를 확인할 수 있다. • ETF 메뉴에서는 ETF 검색을 통해 ETF에 관한 상세한 정보를 확인할 수 있다.	
14	대탐소실(샤프슈터) 님 블로그	https://blog.naver.com/daeshy1
	• 하나금융투자 CLUB 1 WM 금융센터 박문환 이사(샤프슈터)님의 블로그. • 〈샤프슈터의 시선집중〉 코너에서는 시장의 이슈를 꿰뚫어보는 통찰력을 느낄 수 있다.	
15	홍춘욱 님 블로그 '시장을 보는 눈'	https://blog.naver.com/hong8706
	• 〈50대 사건으로 본 돈의 역사〉, 〈밀레니얼 이코노미〉 등의 저자 홍춘욱 님의 블로그. • 여러 가지 자료를 바탕으로 경제 현상을 쉽게 설명해준다.	
16	KB 증권 공식 블로그	https://blog.naver.com/e_adventure
	• KB증권에서 운영하는 블로그이다. 기업/산업/경제분석 리포트 등을 확인할 수 있다. • KB증권 홈페이지 리서치센터에서 해당 자료를 확인하려면 로그인을 해야 하지만, 로그인 없이 리포트 자료를 확인할 수 있다는 점에서 블로그를 이용하면 좋다.	
17	각 증권사 리서치센터	해당 증권사 홈페이지 〉 '리서치센터' 메뉴
	• 각 증권사 홈페이지의 '리서치센터' 메뉴를 이용하면 여러 보고서를 볼 수 있다. • SK증권 등에서는 이메일로 리서치센터 보고 자료를 보내주기도 한다. • 앞서 소개한 한경컨센서스, MK증권, 네이버 증권 등에서도 리포트를 확인할 수 있지만, 일부 증권사(KB증권 등)는 자사 홈페이지 리서치센터/자사 블로그 등을 통해서만 리포트를 제공하고 있으므로 증권사 홈페이지 리서치센터 자료실을 이용하는 것도 투자 정보를 얻는 데 도움이 된다.	

에필로그
시장에 변화의 싹이 트고 있다

　2019년 하반기 주식시장은 한일 무역갈등, 지소미아, 북한 미사일 발사, 미중 무역전쟁 등 여러 가지 이슈로 출렁거렸다. 많은 사람들이 시장을 떠났고 시장에는 비관론이 가득했다. 경제지표는 지속적으로 악화되었고 경제 성장률 전망치는 하향 조정되었다. 코스피 지수가 1500까지 떨어질 것이라는 말이 나돌았고, 일부 사람들은 인버스 ETF를 사서 큰 수익을 냈으며 비중을 더 늘렸다는 이야기도 했다. 그러나 결국 주식시장의 오래된 격언인 "모두가 비관적일 때 투자하라!"는 말이 한국 주식시장에 어김없이 적용되었다. 시장은 빠르게 반등했다.

　사람이 행복할 수 있는 이유는 '망각의 동물'이기 때문이라고 한다. 사람의 기억은 영원하지 않다. 다시 말해, 이슈성 사건들을 영원히 기억하지 못한다는 것이다. 시장에 큰 악재라고 생각했던 사건들조차 유효기간 3개월을 넘기지 못하고 잊혀진다. 그러나 우리는 3개월만 지나면 잊혀질 사건들 때문에 일희일비하면서 불안에 휩싸인다. 눈앞의 출렁임에 현혹되어 마음이 동요되고 결국에는 손해를 보고 난 후 시장을 원망하며 떠나는 사람들도 있다. 3개월만 지나면 잊혀질 이슈 때문에 시장을 떠나는 게 과연 현명한 행동일까?

3개월은 길다면 긴 시간이기도 하다. 1년을 4계절이라고 했을 때, 3개월은 하나의 계절에 해당하는 기간이니 결코 짧은 시간은 아니다. 하지만 관점을 달리해본다면 어떨까? 우리의 인생에서 3개월은 어느 정도의 시간일까? 40세를 기준으로 했을 때 3개월은 지난 인생, 살아온 날에서 약 0.6%에 불과한 작은 시간 조각이다. 80세까지, 앞으로 40년을 더 산다고 생각해도 3개월은 역시 0.6%에 불과하다. 그런데 이 0.6%의 불안 때문에 삶이 더 윤택해질 수 있는 기회를 놓쳐버리는 것이 과연 합리적인 선택일까? 0.6%에서 비롯된 잘못된 판단이 99.4%의 삶을 그르칠 수도 있다는 것이 내 생각이다.

'주식의 신'이라 불린 앙드레 코스톨라니는 "우량주 몇 종목 산 다음 수면제를 먹고 몇 년 동안 푹 자라."라는 이야기를 했다. 시장의 잡음에 휘둘리지 말고 장기 투자를 하라는 말이다. 단기 투자자는 장기적으로 손해를 보지만, 장기 투자자는 투자 시기에 상관없이 장기적으로 대부분 이익을 본다는 것이 그의 주장이다.

워렌 버핏은 "10년 이상 보유할 주식이 아니면 10분도 보유하지 마라."라는 말을 했다. 투자한 종목에 대한 철저한 분석이 선행되고 상승에 대한 확신이 있다면, 그 어떤 소음에도 휘둘리지 말고 장기 투자를 이어가라는 뜻이다.

투자 시장에서 거론되는 위대한 투자자 중에서 하루아침에 벼락부자가 되거나 전설이 된 사람은 없다. 대다수가 시장을 오랫동안 관찰하고 참여하면서 꾸준히 수익을 올린 사람들이다. 시간을 이겨내고 복리의 마법을 몸소 실천한 사람들이 결국 전설로 남는 것이다. 한국의 자수성가 부자들도 시장에 오랫동안 살아남아야 한다고 강조한다. 큰 기회는 언제 올지 모르기 때문에 시장에 살아남아서 그 기회를 잡을 수 있도록 준비해야 한다고 말한다. 그러기 위해서는 이기는 투자가 아니라 지지 않는 투자를 해야 한다. 일확천금을 꿈꾸며 급등주를 쫓아다닐 것이 아니라, 성장하는 산업/기업이 무엇일지를 파악하고 상승의 길목에서 기다리는 지혜가 필요하다.

세계 경제는 새로운 패러다임을 맞이하고 있다. 2008년 금융위기 이후, 미국은 막대한 돈을 풀어 경기를 부양했다. 일본과 유럽 등도 경기를 부양하기 위해 제로금리 시대를 열었다. 호주와 중국, 우리나라 등 세계 각국은 경기 부양을 위해 많은 돈을 풀고 있다. 이런 경쟁적 돈 풀기 속에서 미국은 승승장구했지만 다른 나라들은 오랫동안 침체에서 벗어나지 못했다. 그중에서 대표적인 국가가 한국이다.

본문에서도 언급했지만 한국은 채찍의 끝쪽에 위치한 국가이다. 세계 경기가 안 좋으면 유난히 약한 모습을 보이고, 세계 경기가 좋으면 빠르게 강한 모습을 보여줄 수 있는 국가 중 하나가 바로 한국이다. 지금까지는 줄곧 좋지 않았기 때문에, 앞으로 좋아질 가능성이 있다는 희망을 가질 필요가 있다.

어느 누구도 시장에서 성공할지 실패할지 단언할 수는 없다. 하지만 역사적으로 봤을 때, 시장에 참여하는 쪽이 항상 더 좋은 결과를 얻었다.

시장에서 살아남기만 한다면 장기적으로 큰 수익을 낼 수 있기 때문이다. 두려움을 극복하지 못하고 시장에 참여하지 않으면 장기적인 상승의 수혜를 입지 못한다. 시장에 참여해야만 장기적으로 수익을 얻을 수 있고, 일생일대의 기회가 찾아왔을 때 그 기회를 잡을 수 있다.

2020년 초, 시장에는 중요한 변화의 조짐이 나타나고 있다.

어쩌면 지금, 우리는 경제적 자유로 가는 문 앞에 서 있는지도 모른다.